Keyunzhan Xingbao Anquan Jianchayuan Peixun Jiaocai

客运站行包安全检查员培训教材

本书编写组　编

内 容 提 要

本书由交通运输业内专家为客运站行包安全检查员上岗培训编写而成，全书共八章，分别为客运站行包安全检查工作及相关法律法规、客运站行包安全检查员职业道德及岗位职责、危险品分类及特性、行包安全检查设备的使用与维护、常见危险品识别与处置、客运站行包安全检查工作规范、客运站行包安全检查员安全防护与职业健康、客运站行包安全检查突发事件防范。

本书既是客运站行包安全检查员上岗前培训教材，又是对在职行包安全检查员开展继续教育的工具书。

图书在版编目(CIP)数据

客运站行包安全检查员培训教材/《客运站行包安全检查员培训教材》编写组编. —北京：人民交通出版社股份有限公司，2015.2
ISBN 978-7-114-11963-7

Ⅰ. ①客… Ⅱ. ①客… Ⅲ. ①公路运输－旅客运输－行李包裹－安全检查－技术培训－教材 Ⅳ. ①U492.8

中国版本图书馆 CIP 数据核字(2015)第 006689 号

书　　名：	客运站行包安全检查员培训教材
著 作 者：	本书编写组
责任编辑：	智景安
出版发行：	人民交通出版社股份有限公司
地　　址：	(100011)北京市朝阳区安定门外外馆斜街 3 号
网　　址：	http://www.ccpress.com.cn
销售电话：	(010)59757973
总 经 销：	人民交通出版社股份有限公司发行部
经　　销：	各地新华书店
印　　刷：	北京市密东印刷有限公司
开　　本：	787×1092　1/16
印　　张：	7
字　　数：	179 千
版　　次：	2015 年 2 月　第 1 版
印　　次：	2021 年 6 月　第 7 次印刷
书　　号：	ISBN 978-7-114-11963-7
印　　数：	16001～18000 册
定　　价：	29.00 元

(有印刷、装订质量问题的图书由本公司负责调换)

前　言

客运站是体现当地经济发展水平和文化建设的形象窗口,也是为广大人民群众提供安全、便捷、舒适运输保障的服务窗口。客运站是运送旅客的转运站,是道路旅客运输的基础和保障,也是综合交通运输体系的重要组成部分。"十一五"期间,以汽车客运站为依托的道路旅客运输量、旅客周转量在综合运输体系中所占的比例一直保持在90%和50%以上,在综合运输体系中发挥了重要的基础性和先导性作用。

为保障综合运输体系高效运转,作为枢纽、桥梁作用的汽车客运站必须不断提高经营服务品质。如何提高汽车客运站经营服务品质?一方面是增加道路运输经营市场份额,做好道路运输与铁路、水运、航空等乘客出行方式无缝对接的必然要求;另一方面也是坚持以人为本,充分发挥汽车客运站社会公众服务属性的本质要求,也是为广大乘客提供便捷、高效、安全、舒适运输服务的重要保障。

做好汽车客运站经营服务工作,最重要的就是要保障安全。一是要保障汽车客运站站内区域的公共安全,二是要保障出站车辆的运输安全。汽车客运站设置旅客行包安全检查岗位,严格执行危险品检查制度,就是为了防止乘客将危险品带入候车大厅,甚至将危险品带入所乘客运车辆,有力杜绝各类事故隐患。汽车客运站实行旅客行包安全检查,是有效杜绝危险品随车运行,保障运输安全的最有效和最具有操作性的手段。

近年来,汽车客运站虽然能够严格落实"三不进站、六不出站"的安全管理制度,但是由于危险品检查人员岗位流动性强、专业背景知识匮乏、安全责任意识淡薄等种种因素,旅客行包安全检查工作存在很多漏洞,旅客携带危险品上车的现象时有发生,因其引起的各类事故也屡见不鲜。提高危险品检查人员的职业素质迫不及待,这也是我们编写《客运站行包安全检查员培训教材》的初衷。

在我国综合运输体系中,为确保旅客运输安全,对道路运输、铁路运输、民航运输、水路运输的客运站旅客行包都要实施安全检查。本书以汽车客运站为例详细介绍了行包安全检查工作,可作为客运站行包安全检查员上岗培训教材,也是对客运站行包安全检查人员开展继续教育,提高安检员岗位技能的工具书。本书编写的目的是对危险品检查人员进行系统的职业教育,促进其不断提高职业技能,强化安全责任意识,做好汽车客运危险品检查工作。

本书由辽宁省交通厅运输管理局和万里运业股份有限公司两家单位共同编

写而成,凝聚着运管人员和企业安全管理人员共同的心血。本书由万里运业股份有限公司崔新中和辽宁省交通运输管理局朱荣涛担任主编;辽宁省交通运输服务中心丁远征和万里运业股份有限公司王柏强、朱洪攸担任副主编;辽宁省交通厅运输管理局刘钢、刘贵英和万里运业股份有限公司的张建峰、贾冠东、陈轶超、杨欲晓、陈鹏波、史佳参与了本书的编写工作。

  本书参阅了相关危险品安全检查的文献资料,同时参考了一些专家学者的研究成果,在此表示衷心的感谢。

  鉴于汽车客运站危险品检查工作的复杂性和相关政策的变化性,本书在编写过程中难免有不妥之处,恳请使用本书的读者批评指正,以便再版时修订。

编 者

2014 年 10 月

目 录

第一章 客运站行包安全检查工作及相关法律法规 ... 1
- 第一节 旅客行包安检工作的意义 ... 1
- 第二节 旅客行包安检工作的现状 ... 2
- 第三节 旅客行包安检工作相关法律法规 ... 4

第二章 客运站行包安全检查员职业道德及岗位职责 ... 8
- 第一节 安检人员职业道德 ... 8
- 第二节 危险品安全检查岗位职责 ... 16
- 第三节 危险品安全检查工作规则 ... 18

第三章 危险品分类及特性 ... 19
- 第一节 爆炸品 ... 19
- 第二节 气体 ... 22
- 第三节 易燃液体 ... 25
- 第四节 易燃固体、易于自燃的物质、遇水放出易燃气体的物质 ... 27
- 第五节 氧化性物质和有机过氧化物 ... 31
- 第六节 毒性物质和感染性物质 ... 32
- 第七节 放射性物质 ... 34
- 第八节 腐蚀性物质 ... 36
- 第九节 其他危险品 ... 38
- 第十节 常见危险品图片 ... 38

第四章 行包安全检查设备的使用与维护 ... 42
- 第一节 安全检查设备的分类 ... 42
- 第二节 电子鼻检查设备原理、使用与维护 ... 43
- 第三节 X光安检仪工作原理及使用 ... 45

第五章 常见危险品识别与处置 ... 59
- 第一节 易燃品的识别 ... 59
- 第二节 易爆品的识别 ... 60
- 第三节 毒品的识别 ... 62
- 第四节 枪械、管制刀具的识别 ... 66

第五节	常见危险品的图像识别	67
第六节	常见危险品的处置方法	74

第六章 客运站行包安全检查工作规范 78
 第一节 行包安全检查工作流程 78
 第二节 行包安全检查工作规范 80
 第三节 行包安全检查操作规范 81
 第四节 行包安检员岗位职责 82
 第五节 行包安检员工作礼仪 83

第七章 客运站行包安全检查员安全防护与职业健康 85
 第一节 安全防护知识 85
 第二节 职业健康相关规定 86

第八章 客运站行包安全检查突发事件防范 92
 第一节 客运站行包安全检查突发事件防范 92
 第二节 行包安全检查突发事件应急预案 93
 第三节 行包安全检查突发事件报告、调查、处理制度 96

附录一 汽车客运站行包安全检查事故案例 100

附录二 行包安全检查常用语英汉对照 103

第一章 客运站行包安全检查工作及相关法律法规

随着经济全球化的深化和中国经济的发展，我国道路运输行业也迅猛发展，广大旅客出行需求明显增多，作为公路运输的纽带和乘客集散地的汽车客运站工作量剧增。据统计，截至2011年年底，全国共有等级客运站19356个，2011年平均日发班次159.79万次，日发送旅客2288.65万人次。汽车客运站是城市的窗口单位，同时也是城市人员公共聚集场所，更是事关老百姓安全便捷出行的服务场所。汽车客运站能够有秩序、安全、高效、舒适地为旅客提供运输保障，一个重要环节是做好安全保卫工作，特别是防爆安检工作。汽车客运站是旅客候车、行包托运、寄存以及办理剪票和乘车的场所；是人类通过交通运输工具，使旅客与货物产生空间位移的起止点和集散场所；是空间交通、立体网络的交叉点；是交通运输中重要环节；是专门从事客运业务的基本营运单位，既要组织客运生产，又要为旅客服务；是兼有公益事业与运输企业两重性的特殊服务单位。同时随着客运站向多功能、开拓性、综合性、商业性、服务性的转变和发展，兼顾社会功能与公益设施的外延，逐渐演变为商业、贸易与购物中心。这些快速发展的变化，给汽车客运站安全生产工作带来很大压力和难度。尤其是汽车客运站的旅客行包安全检查工作，每天出入汽车客运站的乘客数量众多，安全检查工作容易造成疏漏。

第一节 旅客行包安检工作的意义

随着汽车客运站经营业务的复杂化和进站人员的增加，尤其是近几年的恐怖袭击事件多发，国家安全环境的恶化，汽车客运站安全生产形势日益严峻。做好汽车客运站行包安检工作，是杜绝站内和进站客车恐怖袭击等恶性事件发生的有效途径，对保障人民生命财产安全具有重大意义。

一、保障汽车客运站站内生产安全

汽车客运站是城市的窗口单位，人员密集、流动性强，各种身份的人员比较混杂。客运站设置进站安检岗位，尤其是对进站人员进行危险物品检查是防止汽车客运站发生各类爆炸、燃烧、枪击、砍杀等暴力事件发生的最有效途径之一。

旅客行包安检是以预防和制止爆炸为主，对旅客及携带物品进行的安全检查，目的是防止爆炸、枪击、行凶等案件的发生。一旦在汽车客运站内发生重大爆炸事件，不仅在经济上给旅客和客运企业造成重大损害，而且在社会上也会造成极大的恶劣影响，必定会引起老百姓的恐慌和降低对政府的信任程度，乃至影响本地区的安全整体环境并破坏招商引资环境等。因此，做好汽车客运站旅客行包安检工作，对于保障客运站站场安全，具有十分重要的意义。

二、保障进站客车行车安全

根据统计分析，70%以上的道路旅客运输量、80%以上的营运客车、90%以上的日发班次均从汽车客运站发出，抓好客运站进站旅客行包危险品检查工作，在整个道路旅客运输安全中处于决定性地位，起到重要的保障作用。杜绝易燃易爆等危险品随车携带是保障运输车辆行车安全的重要举措，也是事故发生后降低事故损失的重要因素。近年来，危险化学品运输事故多发，尤其客运车辆随车携带危险化学品造成的事故更是惨不忍睹。2011年7月22日3时43分，京珠高速公路河南省信阳市境内发生一起特别重大卧铺客车随车携带违禁化学品的燃烧事故，造成41人死亡、6人受伤，直接经济损失2342.06万元。2007年重庆冠忠公司万盛分公司发生的"10.2"燃烧事故，就是由于班线客车违规装载危险化学品，而汽车客运站没有履行安检职责，造成了27人死亡、11人受伤的悲惨事故。汽车客运站严格履行进站乘客行包安检工作，是防止乘客将危险物品带入所乘客车的有效途径，是减少各类安全生产事故的有效途径，对保证行车安全和其他旅客(驾乘人员)人身安全具有十分重要的意义。

三、落实国家反恐相关政策要求

近期，全国各地火车站等公共场所发生了多起恐怖袭击事件，为此国家相继出台了各种反恐的相关制度和法规。汽车客运站做好旅客行包安检工作也是顺应国内外安全防恐形势，落实国家相关政策法规的具体体现。据有关资料显示，近30年来全世界发生国际恐怖主义事件1.5万多起，死伤4万多人，特别是2001年在美国纽约发生的世贸中心恐怖袭击和爆炸事件，造成3000多人丧生，无数人受伤，对美国经济造成数千亿美元的损失，使世界经济增长率下降1%。汽车客运站作为人员活动密集场所，正是恐怖分子下手的重要目标。一旦安检工作出现疏漏，很可能造成难以挽回的巨大损失。从某种意义上说，做好旅客行包安检工作，可以对防止爆炸恐怖袭击等突发事件起到有效防范作用。

第二节 旅客行包安检工作的现状

根据《道路旅客运输及客运站管理规定》(交通运输部令2012年第8号)和《汽车客运站安全生产规范》(交公路发〔2008〕2号)等相关文件规定，汽车客运站要建立危险品查堵制度，防止易燃、易爆和易腐蚀等危险品进站上车。自从文件下发以来，全国各地规模以上(二级以上)客运站已经全部设置了危险品查堵岗位并配备了安检仪等设备进行安全检查，有效防范了各类安全生产事故的发生。

汽车客运站旅客行包安检工作，从总体来说，时间不长，经验不足，特别是汽车客运站旅客行包安检人员缺乏相关的经验。又由于汽车客运站是安全生产事故多发的单位，是恐怖袭击和恶意破坏的重点对象，与老百姓的生命财产息息相关，这就要求安全防范层次高，安全保卫工作量大，人员来往频繁，安全保卫工作难度大等特点，给负责安检工作的人员造成很大的压力。虽然各级行业管理部门加大监管力度，汽车客运站也加大安全检查和设备的投入,但安检工作还存在一些薄弱环节和需要解决的问题。

一、对安检工作认识不足

有些汽车客运站领导和安检人员对旅客行包安检工作不够重视。安检工作不但是"十一"、"春运"、"两会"等重点时段的安保工作的主要内容之一,也是客运站平时安全工作的一项重要内容。汽车客运站旅客行包安检工作要贯穿于整个安全工作之中,只要汽车客运站开门营业,就要进行旅客行包安检工作。这势必要投入相当的人力、时间、设备和后勤保障,但汽车客运站个别领导和安检人员总认为安检工作可有可无,安全事故概率极低,未必发生在我站;思想上没有高度重视,工作上消极被动,影响安检工作的正常开展,存在大量漏检的现象。部分行包安检员对安检工作也认识不足,没有意识到安检工作岗位光荣、责任重大,导致私自放人、擅自离岗、检查工作不负责的情况偶有发生,造成检查工作存有安全隐患。

二、安检工作人力不足

纵观全国各地汽车客运站的安检人员数量普遍较少,安检人员业务不够熟练,既影响到旅客进站的速度,又可能导致部分旅客行包漏检。会在安检口外形成人流拥堵,尤其是"十一"、"春运"、"两会"等重点时段,进站的旅客数以千计拥堵在安检口外,部分汽车客运站的安检工作量与客运站配备的安检人员数量反差较大,部分汽车客运站仅仅配备2名安检人员,需要全天在岗进行安检操作,如此的工作强度必然导致安检人员过度疲劳,思想松懈,存在漏检的现象。

三、安检设备不足

实用型安全检查设备少、高精尖设备较少,安检工作大量靠人工开包检查进行。目前,二级以上汽车客运站配备了安检设备进行行包安检,但是部分设备器材由于使用时间较长及自然损耗等原因,常造成灵敏度下降,器材受损的情况比较严重,影响安检工作的正常开展。

四、安检工作经验不足

近年来,随着改革开放和经济社会的发展,汽车客运站安检工作积累了一定的经验。但在重要时段,如升级本单位的反恐级别时,部分客运站安检工作会很混乱,没有形成层级机制,对安检工作的内在规律还未完全掌握,安检工作往往是在工作中边做边改、边改边做。宏观上体现的是对安检工作缺乏全局性评估和掌控能力,往往是一管就死,导致进站旅客不方便,有埋怨情绪;一放又怕,顾虑安检工作出现漏洞,导致安检人员工作压力大、精神高度紧张。具体针对进站的每一位乘客,如何在做好热情周到服务工作的同时,又要做好周密可靠的安检工作,往往存在矛盾。

五、安检人员责任心不强

部分汽车客运站安检人员由于工资待遇和激励政策较差,以及对安检工作的重要性缺乏足够的认识,造成责任心不强,经常脱岗、工作不认真等。首先是对安全管理的认识不高。虽然经过反复宣传和引导,但是依然会有部分工作人员对当前汽车客运站治安环境的严峻性认识不够,甚至部分安检人员会认为安全管理工作的责任是公安部门的事情,自己就是个配合人员,安全意识不强,危机感明显不足,这样的工作态度直接影响了安检工作效率和品质。其次是安检人员整体属最低工资级别岗位,且工作时间长,劳动强度大,标准要求高,劳动付出与收入存在较大差距,部分安检人员对现有岗位不认同,责任心不强,积极性不高。最后就是由于安检人员自身素质不高,其业务不精,安全管理意识淡薄。通过调查发现,很多安检人员大多数是大专以下文化水平,虽然进行了多次集中培训,但是由于自身学历的限制,其业务能力提高不明显,部分危险品识别不了,违禁品认定不准,时常与旅客发生矛盾纠纷,造成工作被动,这也就制约了安检工作的顺利展开。

六、旅客接受安检配合程度不高

因为汽车客运站每天人流量非常大,有外来务工的农民工,也有外出、外来的探亲人员,还有出差的企业员工,这些人综合素质都不相同,对待行包安全检查,很多旅客是认可的,但是也有旅客认为太麻烦,尤其是在逢年过节的时候,大家都是归心似箭。如在对待每个包裹都要过安检的措施,许多旅客就认为,小包就不用检查,尤其是人多的时候,很可能会有小偷浑水摸鱼,到时候包丢了,这个责任由谁来负责。也有很多旅客看到车快开了,时间紧迫,认为安检是耽误时间,甚至是认为客运站的安检人员是故意找麻烦,这也就造成了部分旅客在执行安检过程中甚至有抵触情绪,影响了客运站安全管理工作的顺利展开。

七、安检工作科技化手段较为落后

根据国家交通行业标准《汽车客运站级别划分和建设要求》的规定,车站划分为5个等级。从全国的总体情况来看,一、二级汽车客运站(主要为县级和县级以上汽车客运站)必须进行旅客行包安检检查。但是由于汽车客运站的经济基础和面对的服务对象不同,相比轨道交通车站和航空站点检查较为薄弱,大部分汽车客运站采用的是危险品检查仪(X射线检查仪),这种检查仪体积较大、辐射较为严重,而且灵敏度不高,对个别特大箱式物品安检需要人工开包检查,所以很容易造成安检漏洞。

八、安检人员职业劳动保护不足

从全国来看,很多汽车客运站安检人员缺乏职业劳动保护,工作强度较大,已经成为职业病多发的重灾区。一是部分汽车客运站工作环境和条件相对较差,以及安检操作区域较为狭小,人员距离安检设备较近等。二是安检设备较为落后,电离辐射大、辨别能力差。三是缺乏相关的培训制度,没有相关的行业管理部门和第三方的培训机构组织的专业性培训。四是安检人员职业劳动防护意识淡薄,不注重相关的防护事项。五是汽车客运站职业劳动防护投入不足,仅仅是发放一些辐射计量笔等简单防护设备。

第三节 旅客行包安检工作相关法律法规

一、《中华人民共和国合同法》中的相关规定

第二百九十七条 旅客不得随身携带或者在行李中夹带易燃、易爆、有毒、有腐蚀性、有

放射性以及有可能危及运输工具上人身和财产安全的危险物品或者其他违禁物品。

旅客违反前款规定的,承运人可以将违禁物品卸下、销毁或者送交有关部门。旅客坚持携带或者夹带违禁物品的,承运人应当拒绝运输。

第三百零七条 托运人托运易燃、易爆、有毒、有腐蚀性、有放射性等危险物品的,应当按照国家有关危险物品运输的规定对危险物品妥善包装,做出危险物标志和标签,并将有关危险物品的名称、性质和防范措施的书面材料提交承运人。

托运人违反前款规定的,承运人可以拒绝运输,也可以采取相应措施以避免损失的发生,因此产生的费用由托运人承担。

二、《中华人民共和国刑法》中的相关规定

第一百三十条 非法携带枪支、弹药、管制刀具或者爆炸性、易燃性、放射性、毒害性、腐蚀性物品,进入公共场所或者公共交通工具,危及公共安全,情节严重的,处三年以下有期徒刑、拘役或者管制。

三、《最高人民法院关于审理非法制造、买卖、运输枪支、弹药、爆炸物等刑事案件具体应用法律若干问题的解释》中的相关规定

第六条 非法携带枪支、弹药、爆炸物进入公共场所或者公共交通工具,危及公共安全,具有下列情形之一的,属于刑法第一百三十条规定的"情节严重":

(一)携带枪支或者手榴弹的;

(二)携带爆炸装置的;

(三)携带炸药、发射药、黑火药 500g 以上或者烟火药 1000g 以上、雷管 20 枚以上或者导火索、导爆索 20m 以上的;

(四)携带的弹药、爆炸物在公共场所或者公共交通工具上发生爆炸或者燃烧,尚未造成严重后果的;

(五)具有其他严重情节的。

行为人非法携带本条第一款第(三)项规定的爆炸物进入公共场所或者公共交通工具,虽未达到上述数量标准,但拒不交出的,依照刑法第一百三十条的规定定罪处罚;携带的数量达到最低数量标准,能够主动、全部交出的,可不以犯罪论处。

四、《中华人民共和国治安管理处罚法》中的相关规定

第三十条 违反国家规定,制造、买卖、储存、运输、邮寄、携带、使用、提供、处置爆炸性、毒害性、放射性、腐蚀性物质或者传染病病原体等危险物质的,处 10 日以上 15 日以下拘留;情节较轻的,处 5 日以上 10 日以下拘留。

第三十二条 非法携带枪支、弹药或者弩、匕首等国家规定的管制器具的,处 5 日以下拘留,可以并处 500 元以下罚款;情节较轻的,处警告或者 200 元以下罚款。非法携带枪支、弹药或者弩、匕首等国家规定的管制器具进入公共场所或者公共交通工具的,处 5 日以上 10 日以下拘留,可以并处 500 元以下罚款。

五、《危险化学品安全管理条例》中的相关规定

第六十三条 托运危险化学品的,托运人应当向承运人说明所托运的危险化学品的种类、数量、危险特性以及发生危险情况的应急处置措施,并按照国家有关规定对所托运的危险化学品妥善包装,在外包装上设置相应的标志。

运输危险化学品需要添加抑制剂或者稳定剂的,托运人应当添加,并将有关情况告知承运人。

第六十四条 托运人不得在托运的普通货物中夹带危险化学品,不得将危险化学品匿报或者谎报为普通货物托运。

任何单位和个人不得交寄危险化学品或者在邮件、快件内夹带危险化学品,不得将危险化学品匿报或者谎报为普通物品交寄。邮政企业、快递企业不得收寄危险化学品。

对涉嫌违反本条第一款、第二款规定的,交通运输主管部门、邮政管理部门可以依法开拆查验。

第八十六条 有下列情形之一的,由交通运输主管部门责令改正,处 5 万元以上 10 万元以下的罚款;拒不改正的,责令停产停业整顿;构成犯罪的,依法追究刑事责任:

……

(六)托运人不向承运人说明所托运的危险化学品的种类、数量、危险特性以及发生危险情况的应急处置措施,或者未按照国家有关规定对所托运的危险化学品妥善包装并在外包装上设置相应标志的;

(七)运输危险化学品需要添加抑制剂或者稳定剂,托运人未添加或者未将有关情况告知承运人的。

六、《道路旅客运输及客运站管理规定》中的相关规定

第五十六条 客运站经营者应当依法加强安全管理,完善安全生产条件,健全和落实安全生产责任制。

客运站经营者应当对出站客车进行安全检查,采取措施防止危险品进站上车,按照车辆核定载客限额售票,严禁超载车辆或者未经安全检查的车辆出站,保证安全生产。

七、《汽车客运站安全生产规范》中的相关规定

第九条 汽车客运站经营者应当对进出汽车客运站的人员、车辆进行严格检查,确保"三不进站"和"五不出站"。

"三不进站"是指:危险品不进站、无关人员不进站(发车区)、无关车辆不进站。

"五不出站"是指:超载客车不出站、安全例检不合格客车不出站、驾驶员资格不符合要求不出站、客车证件不齐全不出站、"出站登记表"未经审核签字不出站。

第二十五条 汽车客运站经营者应当建立危险品查堵制度,采取以下措施防止易燃、易爆和易腐蚀等危险品进站上车:

(一)制定危险品检查工作程序,规范危险品查堵工作;

(二)设立专门的危险品查堵岗位。在进站口等关键环节对进站旅客携带的行李物品和

托运行包进行安全检查,对查获的危险品要进行登记并妥善保管或者按规定处理;

(三)配备必要的检查设备。一级汽车客运站应当配置行包安全检查设备;二级以下汽车客运站应当积极创造条件安装使用行包安全检查设备,提高危险品查堵效率和质量。

第二章 客运站行包安全检查员职业道德及岗位职责

第一节 安检人员职业道德

一、职业和职业道德

1. 职业

职业是社会成员对社会所承担的职责和工作,具有一定的社会责任性。在现实生活中,人们习惯于把每个人在社会中所从事的并作为主要生活来源的工作称之为职业。职业产生于社会分工,并随着生产力的发展,不断产生新的类别。为了规范从业人员的职业行为,确保职业活动的正常进行,必须建立用于调整职业生活中发生的各种关系的职业道德规范。

2. 职业道德

职业道德是所有从业人员在职业活动中应该遵循的行为准则,涵盖了从业人员与服务对象、职业与职工、职业与职业之间的关系。随着现代社会分工的发展和专业化程度的增强,市场竞争日趋激烈,整个社会对从业人员职业观念、职业态度、职业技能、职业纪律和职业作风的要求越来越高。

职业道德不仅是从业人员在职业活动中的行为标准和要求,而且也是本行业对社会所承担的道德责任和义务。

在内容方面,职业道德必须鲜明地表达职业义务、职业责任以及职业行为上的道德准则。由于它是在特定的职业实践基础上形成的,反映的是职业、行业乃至产业特殊利益的要求,因而它往往表现为某一职业特有的道德传统和道德习惯,表现为从事某一职业的人们所特有的道德心理和道德品质。

在表现形式方面,职业道德往往比较具体、灵活、多样。它从本职业的交流活动实际出发,采用制度、守则、公约、承诺、誓言、条例,以及标语口号之类的形式,以便于为从业人员所接受和实行,也有利于形成一种职业的道德习惯。

从调节的范围来看,一方面,职业道德可以用来调节从业人员内部关系,加强职业、行业内部人员的凝聚力;另一方面,也可以用来调节从业人员与其服务对象之间的关系,用来塑造本职业从业人员的形象。

从产生的效果来看,职业道德既能使一定的社会或阶级的道德原则和规范"职业化",又能使个人道德品质"成熟化"。任何一种形式的职业道德,都在不同程度上体现着阶级道德或社会道德的要求。同时,职业道德与各种职业要求和职业生活结合,具有较强的稳定性和连续性,形成从业人员比较稳定的职业心理和职业习惯,以致在很大程度上会改变人们在学校学习阶段和少年生活阶段所形成的品行,影响道德主体的道德风貌。

3. 社会主义职业道德

社会主义职业道德是人类社会崭新的职业道德,它批判地继承了人类社会各个历史时期的优秀成果,与以往建立在私有制基础上的职业道德有着本质的区别。

1) 社会主义职业道德是一种新型职业道德

社会主义职业道德是建立在社会主义经济基础上的、以共产主义道德为指导的新型职业道德。为人民服务是社会主义道德的集中体现,也是"爱岗敬业、诚实守信、办事公道、服务群众、奉献社会"社会主义职业道德的核心内容。社会主义职业道德的这些特点,不仅从道德领域反映了有中国特色的社会主义制度的优越性,而且成为调整社会主义社会里职业与职业,以及职业内部利益关系的调节器,成为激励从业人员提高职业认识、培养职业感情、锻炼职业意志、树立职业理想、遵守职业纪律,以及做好本职工作的强大精神力量。

2) 社会主义职业道德体现公民权利与义务相统一的精神

在社会主义社会中,无论从事哪一种职业都是为人民服务。各种职业的从业人员处在共同理想指导下建立起来的平等、互助、团结、友爱的关系之中。在社会主义社会里,人人都是服务对象,人人又都为他人服务。这种崭新的职业关系体现了公民权利与义务相统一的精神和"我为人人,人人为我"的原则,因而易于为职工接受和实践,激发履行义务的自觉性,从而有效地发挥职业道德的作用。

3) 社会主义职业道德是整个社会主义道德结构中的一个重要组成部分

社会主义社会一切职业规范的形成,都贯穿着社会主义、共产主义道德的原则和要求。所以,用社会主义职业道德规范约束从业者的职业生活和职业行为,就为人们进行社会主义道德实践活动提供了极大的可能性和现实性。

二、职业道德的特点、作用和标准

1. 职业道德的特点

1) 适用范围的有限性

每种职业都担负着一种特定的职业责任和职业义务。由于各种职业的职业责任和义务不同,从而形成各自特定的职业道德的具体规范。

2) 发展历史的继承性

职业具有不断发展和世代延续的特征,不仅很多技术世代延续,而且管理方法、经营方式也有一定的历史继承性。因此,职业道德具有发展的历史继承性,如"有教无类"、"学而不厌,诲人不倦",从古至今始终是教师的职业道德。

3) 表达形式的多样性

由于规范各种职业的职业道德根据职业不同的特性,要求得比较具体、细致,因此,其表达形式也是多种多样。如行业规范、行为公约、内部规定、章程、制度等形式,有的甚至是口耳相传、约定俗成。

4) 贯彻执行的纪律性

纪律也是一种行为规范,但它是介于法律和道德之间的一种特殊的规范。它既要求人们能自觉遵守,又带有一定的强制性。兼有道德和法律的双重色彩,具有法令的要求。职业道德有时以制度、章程、条例的形式表达,让从业人员认识到职业道德具有纪律的规范性。

2. 职业道德的作用

职业道德是社会道德体系的重要组成部分,它既具有社会道德的一般作用,又具有自身的特殊作用。

1) 有助于调节从业人员内部以及从业人员与服务对象之间的关系

职业道德的基本职能是调节职能。一方面,职业道德可以调节从业人员内部的关系,即运用职业道德规范约束职业内部人员的行为,促进职业内部人员的团结与合作。如职业道德规范要求各行各业的从业人员,都要团结、互助、爱岗、敬业,齐心协力地为发展本行业、本职业服务。另一方面,职业道德又可以调节从业人员和服务对象之间的关系。如,职业道德规定了制造产品的工人怎样对用户负责,营销人员怎样对顾客负责,医生怎样对病人负责,教师怎样对学生负责,汽车客运站检查人员怎样对旅客负责等。

2) 有助于维护和提高本行业的信誉

一个行业或一个企业的信誉,也就是它们的形象、信用和声誉,是指行业或企业及其产品与服务在社会公众中的信任程度,提高企业的信誉主要靠产品的品质和服务品质,而从业人员高尚的职业道德是产品品质和服务品质的有效保证。若从业人员职业道德水平不高,就很难生产出优质的产品和提供优质的服务。提高行业的信誉,要靠行业内企业和从业人员的共同努力。

3) 有助于促进本行业的发展

行业或企业的发展有赖于较高的经济效益,而较高的经济效益源于高素质的员工。员工素质主要包含知识、能力、责任心3个方面,其中责任心是最重要的。职业道德水平高的从业人员责任心是很强的,能促进本行业的发展。

4) 有助于提高全社会的道德水平

职业道德是整个社会道德的重要内容之一。一方面,职业道德涉及每个从业者如何对待职业,如何对待工作,是一个从业人员态度、价值观念的表现,是一个人道德意识、道德行为发展是否成熟的标志,具有较强的稳定性和连续性。另一方面,职业道德也是一个职业集体,甚至一个行业全体人员的行为表现。如果每个行业、每个职业集体都具备优良的道德,对整个社会道德水平的提高必然会发挥重要的作用。

3. 为人民服务是社会主义职业道德的最高标准

为人民服务是社会主义道德的核心。邓小平同志曾经指出:"人民满意不满意,人民高兴不高兴,人民赞成不赞成",应当成为衡量我们一切工作与言行的标准。《公民道德建设实施纲要》把"服务群众,奉献社会"作为公民职业道德建设的重要内容鲜明地提了出来。职业生活是人的生命历程中最重要的阶段,也是人们社会实践的最重要的舞台。各种职业活动的属性和目的并不是任意确定的,而要基于人民群众的需要;职业活动的价值评价标准也不是出自从业者的主观臆断,而是掌握在其所服务的对象——人民群众手中。为人民服务就是一切向人民负责,一切从人民利益出发的思想观点和行为准则,因此,它必然成为衡量每个行业制定具体职业道德规范的最高标准。在任何职业活动中,都必须始终坚持为人民服务的宗旨,树立"以服务人民为荣,以背离人民为耻"的社会主义荣辱观。

1)为人民服务是社会主义道德的集中体现

为人民服务体现了社会主义道德的实质。社会主义道德克服了以往社会道德中目的和手段、权利和义务的分离,达到了四者的统一。

在社会主义社会,为人民服务既是目的,又是手段;人民既是权利和义务的主体,也是权利和义务的客体。人民都是服务对象,又都为他人服务,反映到道德上,就是倡导为人民服务,一切从人民利益出发,彼此互相关心、互相爱护、互相帮助,并同一切危害人民利益的现象做斗争。

2)为人民服务是社会主义经济基础的客观要求

职业道德属于上层建筑,它由经济基础决定,同时又为经济基础服务。社会主义社会实行以公有制为主体、多种所有制经济共同发展的经济制度,社会主义社会的本质是解放生产力和发展生产力,改善人民群众的生活,消除两极分化,实现人民共同富裕。因此,社会主义职业道德建设不能忽视广大人民群众的最大利益,要将为人民服务视为社会主义职业道德建设的出发点和根本目的。

3)为人民服务是建立和发展社会主义市场经济的需要

社会主义市场经济的目的是推动生产力的发展,创造更多物质财富,满足人民的需要,使人民生活上富裕、精神上充实。社会主义市场经济的本质就是为人民服务的经济;同时,为人民服务又为社会主义市场的健康发育和整个社会的全面发展,提供强有力的思想道德保证和巨大的精神动力。市场经济本身有它无法克服的弱点,发展社会主义市场经济要靠法制,也需要有社会伦理作为基础。在市场经济中,只有坚持为人民服务的价值导向,才能在市场竞争的强制作用下,培养起人们为人民服务的观念,从而消除市场经济带来的消极影响。

4)为人民服务是履行职业职责的精神动力和衡量职业行为善恶的最高标准

人们在完成本职工作的时候,会遇到各种困难和曲折,需要付出许多努力与辛劳,才能达到要求。这时,只有在为人民服务的精神鼓舞下,才能克服困难,取得最佳成绩。具体的职业道德准则可以规范人们的行为,而为人民服务的精神才能给人以热情与力量。

为人民服务的基本内容包括了把集体利益放在首位,它是正确处理社会主义社会各种利益关系的依据。在社会主义社会,既存在着个人与社会的利益关系,也存在着集体与国家及整个社会之间的利益关系。正确处理好这些关系,是为人民服务思想得到认真贯彻的重要表现。

5)为人民服务体现了社会主义职业道德建设的先进性要求和广泛性要求的统一

为人民服务是共产党人的根本宗旨,同时也是对各行各业人员的共同要求。在社会主义社会,我们既提倡道德的先进性,即共产党员和先进分子为人民的利益公而忘私、勇于献身的崇高共产主义道德品质,也重视其广泛性,即普通劳动者只要诚实劳动,忠于职守,公平交易,按劳取酬,履行公民义务,热心社会公益事业,也属于为人民服务的范畴。社会主义职业道德建设必须从广大人民群众的实际出发,把社会主义道德的先进性要求和广泛性要求结合起来,通过不断教育逐步引导人们不断追求更高道德目标,调动广大人民群众履行为人民服务道德规范的积极性。

三、道德与法律的关系

1. 道德与法律的联系

道德是关于人们思想和行为的善与恶、美与丑、正义与非正义、公正与偏私等观念、原则、规范和标准的总会。法律与占社会主导地位的道德相互影响,相互作用。

2. 道德与法律的区别

(1)从起源和发展看,道德的产生与人类社会的形成同步,而法律是人类社会发展到一定阶段的产物。

(2)从形成的方式看,法律是掌握政权的阶级运用国家权利,由国家机关依照法定程序和权限限定或认可的;道德是人们在共同的物质生产和生活中逐渐养成,自发形成的,一般无须专门人员和机构去制定和颁发。

(3)从表现形式看,道德存在于人们的意识和社会舆论中,通过人的言行表现出来,其规范往往比较概括和抽象;法律是国家意志的体现,明确且具体。

(4)从实施方式看,道德通过社会舆论和内心信念实施,法律以国家强制力为后盾。

(5)从调整范围看,道德调整范围涉及社会关系各个领域和所有方面,法律只调整重要的社会关系;法律主要作用于人的外部行为,道德主要作用于人的内心世界。

3. 社会主义道德与社会主义法律的关系

(1)社会主义道德和社会主义法律在本质上是一致的;

(2)社会主义道德和社会主义法律是两种不同的社会规范;

(3)社会主义道德和社会主义法律有密切的关系,它们相辅相成;

(4)社会主义道德与社会主义法律是两个紧密相连的统一体。

四、旅客行包危险品检查从业人员职业道德规范

1. 职业道德规范的含义

职业道德规范是社会道德规范的一种,是从业人员的职业道德行为和职业道德关系的普遍规律的反映,是一定社会或阶级以及一定职业对从业人员的行为和关系的基本要求的根据,是根据各个职业的特点、性质、地位、作用和职业活动的客观要求,在从事职业活动和处理职业关系时,人们应共同遵守的行为准则。

我国现阶段在各行业普遍适用的一般职业道德规范是:爱岗敬业、诚实守信、办事公道、服务群众、奉献社会。

理解职业道德规范的含义,应从以下几点来把握:

(1)它是职业行为善恶的准则或标准,对从业人员具有普遍的约束力。

(2)它是从业人员职业道德行为和职业道德关系的规律性的反映。这里说的职业道德行为指的是从业人员的普遍道德行为,而职业道德关系是指职业领域众多社会关系当中那些直接关系到从业者与他人、从业者与社会之间的关系。职业道德规范就是对从业人员的普遍行为和职业道德关系的本质的、必然的联系的集中概括。

(3)它是职业的客观要求和从业者的主观认识的统一。一方面,它是人们在长期的职业生活、相互交往中形成的一种以风俗、习惯、传统等方式固定下来的"应当"与"不应当",是

第二章 客运站行包安全检查员职业道德及岗位职责

一定社会物质生活条件和相应职业关系的客观要求。另一方面,又是生活于这个社会的人们对这种关系的认识和总结,并通过一定的思维形式和一定的社会途径,回到人们职业生活中,成为调整人们相互职业关系的行为准则。

2. 社会主义职业道德规范

社会主义职业道德规范,是在社会主义条件下,从业人员在职业活动中的道德关系和道德行为要求的反映,是对从业人员社会主义职业道德基本要求的概括。社会主义职业道德规范具有特定的内容,并遵循以下原则:

其一,必须以建设有中国特色的社会主义理论为指导。只有这样,社会主义职业道德规范使它所反映的职业道德关系具有"中国特色",真正表达社会主义新时期职业生活的客观要求,对从业人员的职业行为起到调节作用。

其二,必须遵循社会主义职业道德的基本原则。只有这样,才能使社会主义职业道德规范真正体现社会主义职业道德的历史本质。

其三,既要满足现实,又要面向未来。即一方面要同社会主义现阶段的职业活动相适应,另一方面又要体现社会主义向更高阶段发展的要求。只有这样,才能既切实指导从业人员的职业行为和职业生活,又能使职业道德风尚不断升华。

3. 汽车客运站行包危险品检查从业人员职业道德规范

汽车客运站行包危险品检查从业人员职业道德规范,是指行包危险品检查从业人员在工作中必须遵循的职业道德准则和行为规范。每一位行包危险品检查从业人员都要自觉遵守以爱岗敬业、诚实守信、办事公道、服务群众、奉献社会为主要内容的职业道德,为旅客运输业的发展做出奉献。

1) 爱岗敬业

爱岗敬业是为人民服务思想和集体主义精神的具体体现,是社会主义职业道德基本规范的基础。爱岗就是热爱自己的工作岗位,热爱本职工作。爱岗是对人们工作态度的一种普遍要求。热爱本职,就是职业工作者以正确的态度对待各种职业劳动,努力培养热爱自己所从事的工作的幸福感和荣誉感。一个人,一旦爱上了自己的职业,他的身心就会融合在工作中,就能在平凡的岗位上做出不平凡的业绩。

所谓敬业就是用一种严肃的态度对待自己的工作,勤勤恳恳、兢兢业业、忠于职守、尽职尽责。敬业包含两层含义:一为谋生敬业。这种职业态度所反映的敬业道德因素较少,个人利益色彩较重;二为真正认识到自己工作的意义而敬业。这是高一层次的敬业,这种内在的精神,才是鼓舞人们勤勤恳恳、认真负责工作的强大动力。

爱岗与敬业总的精神是相通的,是相互联系在一起的。爱岗是敬业的基础,敬业是爱岗的具体表现,爱岗敬业是为人民服务精神的具体体现。

爱岗敬业不仅仅是一句口号、一种精神,在工作实践中,爱岗敬业实际上是衡量一个从业人员是否合格、是否优秀的重要标准。

热爱本职工作,是行包危险品检查从业人员职业道德规范的首要内容。它反映了危险品检查从业人员对职业价值的正确认识和对所从事职业的真挚感情。一个人只有先爱岗位,爱自己所从事的工作,才能有高尚的职业道德。

爱岗敬业对于行包危险品检查从业人员的具体要求是:严守岗位、尽心尽责、注重务实、服务行业,兢兢业业地干好行包危险品检查岗位的本职工作,在危险品检查工作岗位上发扬忘我的工作精神,做到认真履行岗位职责,精通专业知识,熟练掌握专业技能,并在做好本职工作的基础上,在一定程度上和范围内争取全面发展,不断增长知识,增长才干,努力成为多面手,积极为危险品检查行业发展、为整个道路运输业发展服务,从而达到为人民服务的最终目的。

2) 诚实守信

诚实守信是忠诚老实、信守诺言,是为人处事的一种美德。

所谓诚实,就是忠诚老实,不讲假话。诚实的人能忠实于事物的本来面目,不歪曲、不篡改事实,同时也不隐瞒自己的真实思想,光明磊落、言语真切、处事实在。诚实的人反对投机取巧、趋炎附势、吹拍奉迎、见风使舵、争功诿过、弄虚作假、口是心非。所谓守信,就是信守诺言,说话算数,讲信誉,重信用,履行自己应承担的义务。

诚实和守信两者意思是相通的,是互相联系在一起的。诚实是守信的基础,守信是诚实的具体表现,不诚实很难做到守信,不守信也很难说是真正的诚实。诚实侧重于对客观事实的反映,以及对自己内心的思想、情感的表达是真实的。守信侧重于对自己应承担和履行的责任和义务的忠实,毫无保留地实践自己的诺言。

诚实守信不仅是做人的准则,也是做事的基本准则。诚实是我们对自身的一种约束和要求,讲信誉、守信用是社会对我们的一种希望和要求。一个人要想在社会立足,干出一番事业,就必须具有诚实守信的品德。

诚实守信是任何一个从业人员应遵守的职业道德,也是每一个行业树立形象的根本。行包危险品检查从业人员要明确:在从事危险品检查工作时,自己既代表个人,又代表了企业,甚至代表了整个旅客运输行业的形象。如果一个危险品检查从业人员不能诚实守信,那么其所在企业就得不到人们的信任,甚至整个行业的形象也会因此受到损害。

诚实守信对于危险品检查从业人员的具体要求,主要在三个方面:一是严格执行国家、地方及行业相关危险品检查的法律、法规、规章、标准和规范,维护国家和旅客运输行业利益,对国家、行业做到诚实守信;二是重品质、重服务、重信誉,在企业管理、生产过程中建立和实施危险品检查品质保证体系,执行安全操作规程,按工艺规范正确完成检查作业项目,维护企业利益,对企业做到诚实守信;三是诚实劳动、合法经营,正确执行危险品检查的工作标准,对旅客做到诚实守信。

3) 办事公道

办事公道是在爱岗敬业、诚实守信的基础上提出的更高层次的职业道德的基本要求。办事公道需要有一定的道德修养基础。

所谓办事公道是指从业人员在办事情、处理问题时,要站在公正的立场上,按照同一标准和同一原则办事的职业道德规范。

公正是几千年来为人所称道的职业道德。当前,我们正处于市场经济的大潮中,市场经济确立平等互利原则,这体现了买卖双方的平等地位,因此在经济领域中要求处事公平、办事公道。人们生活在世界上,要与人打交道,要处理各种关系,这就存在办事是否公道的问题。每个从业人员都要办事公道,例如一个行包危险品检验员接待旅客不以貌取人,对不同经济能力、不同职业、不同国籍、不同民族的宾客能一视同仁,同样热情服务,这就是办事公道。

在职业活动中的公正公平,是为了保证每个人在社会上的合法地位和平等权利。如果办事不公正,徇私舞弊,势必会损害社会主义平等竞争的原则,形成不正当竞争,造成新的不平等,就会对社会各方面产生消极的影响,最终会阻碍社会经济的发展。

在职业活动中要做到办事公道,首先要加强从业人员的个人修养,要做到相信真理,追求正义;坚持原则,不徇私情;不谋私利,反腐倡廉;不计个人得失,不怕各种权势,加强学习,不断提高认识能力,明确是非标准,分辨善恶美丑。

办事公道是衡量每一位行包危险品检查从业人员职业道德水平的重要标志。

办事公道,对于行包危险品检查从业人员的具体要求:一是依法办事,严格按照危险品检查各项技术标准,进行危险品检查作业;二是裁量公正,要力求公正、准确、合理、适当,维护消费者的合法权益,维护企业的声誉;三是尽职尽责,敢于管理,敢于负责任,敢于承担风险,把严格管理建立在热爱本职工作的基础上,不怕困难,不回避矛盾,坚持原则,任劳任怨,以对党和国家、对行业、对人民高度负责的精神,恪尽职守,确保旅客的生命和财产安全。

4)服务群众

服务群众是为人民服务精神的直接表达。

所谓服务群众就是为人民群众服务。服务群众指出了我们的职业与人民群众的关系,指出了我们工作的主要服务对象是人民群众,指出了我们应当依靠人民群众,时时刻刻为群众着想,急群众所急,忧群众所忧,乐群众所乐。

一切依靠人民群众,一切服务于人民群众,是我们党的群众路线的重要内容。服务群众是党的群众路线在社会主义职业道德方面的具体表现,这也是社会主义职业道德与私有制社会职业道德的分水岭。

服务群众是对所有从业人员的要求。在社会主义社会,每个从业人员都是群众中的一员,既是为别人服务的主体,又是别人服务的对象。每个人都有权享受他人职业服务,同时又承担着为他人做出职业服务的义务。因此,服务群众作为职业道德,是对所有从业者的要求。

要做到服务群众,就要树立服务群众的观念,尊重群众,方便群众。要真心对待群众,了解群众所思、所想、所需,把服务群众的观念落实到行动上。每个从业人员无论做任何事情,都要想到群众,想到群众的利益,实实在在地为群众服务,真正为群众谋利益,决不损害群众的利益。

服务群众对于行包危险品检查从业人员的具体要求:首先,要真正做到服务群众,不仅要树立服务群众的观念,还要将服务群众观念落实到危险品检查职业活动中去。要做到文明礼貌,优质服务,就要求从业人员说话和气、热情主动、耐心周到。热情主动表现为热情大方、态度积极;耐心周到表现为心平气和、沉着冷静,想服务对象所想、急服务对象所急。真正把服务对象的事情当作自己的事情来办,让服务对象体会到一种宾至如归的感觉。其次,还要认真钻研业务,具备为群众服务的技能。对国家的方针、政策、法规和标准,更要认真学习、自觉遵守,提高自己的政治觉悟,树立正确的人生观、价值观,为促进行业的发展和提高企业经济效益而努力工作。

5)奉献社会

奉献社会，就是全心全意为社会做贡献，这是为人民服务精神的最高体现。有这种精神境界的人，就能把自己的一切都奉献给国家、人民和社会。

所谓奉献，就是不期望等价的回报和酬劳，而愿意为他人、为社会、为真理、为正义献出自己的力量，包括宝贵的生命。奉献社会不仅有明确的信念，而且有崇高的行为。

奉献社会的精神主要强调的是一种忘我的全身心投入的精神。当一个人专注于某种事业时，他关注的是这一事业对于人类、对于社会的意义。他会为此而兢兢业业，任劳任怨，不计较个人得失，甚至不惜献出自己的生命。

一个人不论从事什么行业的工作，不论在什么岗位，都可以做到奉献社会。在市场经济条件下，倡导无私奉献的精神，可以使企业和个人改善服务质量，提高信誉程度，增强竞争实力，从而赢得顾客、赢得市场。

奉献社会是职业道德中的最高境界。奉献社会是一种人生境界，是一种融合在事业中的高尚人格。与爱岗敬业、诚实守信、办事公道、服务群众这四项规范相比较，奉献社会是职业道德中的最高要求，同时也是做人的最高境界。爱岗敬业、诚实守信是对从业人员职业行为的基础要求，做不到这两项要求，就很难做好工作；办事公道、服务群众比前两项要求更高了一些，需要有一定的道德修养作基础；奉献社会，则是这五项要求中最高的，一个人只要达到一心为社会作奉献的境界，他的工作就必然能做得很好，就能实现全心全意为人民服务。

奉献社会对于旅客行包危险品检查从业人员的具体要求是：以本业为荣，以本职为乐，积极为旅客运输行业发展奉献出自己的力量，不畏工作烦琐和危险，只为能保证旅客安全。在危险品检查服务工作中，不计名利、勇于吃苦、任劳任怨，用"毫不利己，专门利人"的精神，最大限度地满足旅客的需求，在奉献中充分体现自己的人生价值。

针对民航、铁路、公路、地铁等运输站场危险品安全检查员职业特点，我们认为从事危险品安全检查员工作应遵守下述基本原则：

(1) 树立"安全第一、预防为主"意识；
(2) 严格遵守国家有关危险品安全检查法律法规；
(3) 遵守国家和各省制定的行业管理规章制度，执行安全检查规范；
(4) 接受岗位继续培训教育，不断充实更新知识，提高工作能力；
(5) 不得允许他人以本人名义随意签字、盖章；
(6) 对检查中知悉的服务对象的商业秘密及其他有关情况保密。

第二节 危险品安全检查岗位职责

一、危险品安检人员岗位职责

汽车客运站危险品检查工位主要由引导工位、执机工位、手工检查工位等几部分组成。

1. 引导工位

汽车客运站要在候车室入口处设置旅客行包引导岗位，主动维持旅客进站秩序，引导旅客凭票有序进入候车室，提醒和引导乘客对所携带的物品通过安检仪，同时也要防止个别乘客随身携带的物品有漏检现象发生，能够引导通过安检的乘客迅速离开入口处，避免堵塞入口。

第二章　客运站行包安全检查员职业道德及岗位职责

2. 执机工位

汽车客运站要利用危险品检查仪对过往的旅客行包和物品进行检查，而且要安排专职人员观察危险品检查仪显示屏，对可疑物进行识别，并做好安检仪的维护等工作。

3. 手工检查工位

手工检查工位是对利用危险品安检仪检查的重要补充，主要是安检人员手持便携式安检设备对旅客携带的大件包裹或者是无法正常通过安检仪的物品进行识别，同时也是客运站设置临时危险品检查的重要手段，更是对可疑旅客人身检查的重要手段。对乘客携带超长、超高、超大的物品（体积大于 x 光机检测通道），易碎物品（如玻璃器皿、工艺品等），易损物品（如食品、药品、电脑等），金属类工具及尖锐类等不宜机检的物品，要及时提醒乘客及手检员进行手检。

二、危险品安检人员工作职责

目前，我国还没有制定汽车客运站危险品安全检查员岗位职责，各地汽车客运站应结合本单位实际，制定本单位危险品安全检查员岗位职责，经过几年实践，我们认为汽车客运站危险品安全检查员岗位职责应包括以下内容：

1. 遵章守纪，服从领导，认真执行各项规章制度

安全检查员在工作中要遵守各项法律法规和汽车客运站各项规章制度，服从各级领导管理，对违反法律法规或汽车客运站规章制度的现象应拒绝并及时向上级报告；安检人员要在单位的领导下开展安检工作，严格执行上岗制度，不松懈大意、不漏检一人一包，对发生的可疑物品和人员及时向领导汇报。

2. 爱岗敬业，工作严肃、认真、细致

对检查出的危险物品，安检人员要认真填写《违禁品登记簿》；熟练掌握安检仪图像识别技能，对易燃、易爆等危险品的外部特征，及时准确观察、识别可疑物；发现可疑物品，及时向领导报告并进行妥善处理。

3. 树立良好形象，当好旅客的卫士

安全检查人员在工作中要严格遵守劳动纪律，不迟到，不早退，不擅离职守，不做与工作无关的事情；文明值岗，态度和蔼，遇事讲究方式方法，做到以理服人；上岗时，精神饱满，服装整齐，谈吐得体，举止大方；按规定着装上岗，佩戴标示要规范，自觉维护安检人员岗位形象。

4. 热情对待旅客，快速引导旅客完成安检

安全检查人员要热情服务，快速引导乘客配合安检；遇特殊群体，包括残障人士、孕妇以及行动不便的乘客提醒手检员进行手检。

5. 坚守工作岗位，执行纪律严明

工作中按照"逢包必检"的安检要求，负责宣传引导乘客进入安检区域；对可疑物品采取针对性探测，确定可疑物性质，及时移交现场民警处理并做好记录；对无异常的行包，疏导乘客尽快离开安检点，以便乘客通行。

6. 爱护安检设备，操作符合要求

安全检查人员负责 x 光机、显示器、键盘的保管；负责各类安检设备的摆放及日常维护

（手检设备选择安检桌的空白位置摆放整齐，防爆毯选择安检机周围不阻碍乘客的地方摆放，防尘罩叠好放入安检亭或放入安检机底部的适当位置）；熟练掌握各种安检设备的操作及识别方法。

第三节　危险品安全检查工作规则

各运输站场要认真贯彻"安全第一、预防为主"的方针，落实对进站旅客携带物品进行安全检查职责，保障旅客运输和货物运输安全。根据国家相关部门规定航空运输、水路运输、铁路运输、道路运输和地铁运输等站场必须配备危险品安全检测仪，并配备专兼职危险品安全检查人员的要求，以落实危险品安全检查工作。

各客运站对旅客随身携带的行李、包裹及托运的行李包裹都必须按要求进行安全检查。对经安检设备检测发现有可疑物品的箱（包），应当进行开箱（包）检查。开箱（包）检查时，可疑物品的托运人或者携带者应当在场。安检部门或安检人员对旅客申明所携物品不宜接受公开检查的，可根据情况在适当场所进行检查。

各客运站应结合实际情况制定危险品安全检查工作规程，重点包括《旅客行包安全检查操作规程》、《安检人员岗位责任制度》等，建立动态考核机制，完善相关的管理制度，包括《危险品检查登记制度》、《职业劳动保护制度》等。组织安检员参加相关管理机构组织的岗位培训，定期组织对安检员进行继续教育，同时加强劳动保护工作。

各客运站安检员应认真遵守危险品安全检查规定和岗位安全职责，加强业务学习，熟悉和了解常见危险品特性，并掌握应急处理办法。同时，安检员应熟悉危险品安全检测仪工作原理和使用性能，并能够按照设备操作规程熟练使用危险品安全检测仪进行"三品"检查。安检员应当认真遵守工作纪律，着统一制式服装，佩带安全检查标志和上岗证，按照规定严格检查，不得弄虚作假；要认真总结实际工作经验，不断提高危险品安全检查工作质量。

各客运站应严格遵守国家相关规定。对经危险品安全检查符合规定和已办理危险品托运或寄存手续的旅客，由安检员在其客票上加盖"已检"印章，准许其进站候车。对不接受危险品安全检查及携带危险品又不办理危险品托运或寄存手续的旅客，安检员应禁止其进入客运站，对因违规造成的经济损失及一切后果由携带危险品的旅客自行承担。

各客运站应当以广播、标语、宣传牌等各种方式，向旅客宣传法律、规章中有关危险品管理及处罚规定，并将品名和限制携带数量向旅客公告。各客运站应当根据实际情况，制定完善的危险品安全检查规章制度和突发事件应急处理预案，并组织实施和演练，做好安全防范工作。

第三章 危险品分类及特性

第一节 爆 炸 品

爆炸品是指在外界作用下(如受热、撞击等),能发生剧烈的化学反应,瞬时产生大量气体和热量,导致周围压力急剧上升,发生爆炸,从而对周围环境造成破坏的物品。

根据国家有关标准规定,危险货物的包装上都应有警示标志,每一类危险货物都有其对应的危险标志(见图3-1),标志的样式按照《危险货物包装标志》(GB 190—2009)的规定执行。

底色:橙红色
图形:正在爆炸的炸弹(黑色)
文字的颜色:黑色
文字的含义:该类危险化学品的危险类别及编号

图 3-1 爆炸品标志

一、爆炸品的危险特性

爆炸品的火灾危险性主要表现于其受到摩擦、撞击、振动、高热或其他能量激发后,就能产生剧烈的化学反应,并在极短时间内释放大量热量和气体而发生爆炸性燃烧。例如火药、炸药、各类弹药、火工品,以及含氮量大于或等于12.5%的有硝酸酯类(硝化纤维素等),含高氯酸大于或等于72%的高氯酸盐类,以及过氧化氢含量大于或等于40%的双氧化水等都具有这种危险的爆炸特性。表示引爆难易的标志通常用感度,感度值愈小,标志物品的敏感易爆性愈强,反之则相反。爆炸品的振动感度、冲动感度、热感度、摩擦感度及静电感度都较小,因而构成了爆炸物品易爆和殉爆的特性。

1. 爆炸性强

爆炸品都具有化学不稳定性,在一定外因的作用下,能以极快的速度发生猛烈的化学反应,产生的大量气体和热量在短时间内无法逸散开去,致使周围的温度迅速升高并产生巨大的压力而引起爆炸。例如黑火药爆炸:

$$KNO_3 + S + 3C = K_2S + N_2\uparrow + 3CO_2\uparrow + 热量$$

煤被点燃后,虽然也能放出大量的热和气体,但由于煤燃烧速度比较慢,产生的热量和气体逐渐地扩散开去,不能在周围产生高温和巨大压力,所以只是燃烧不是爆炸。

2. 敏感度高

各种爆炸品的化学组成和性质决定了它具有发生爆炸的可能性,但如果没有必要的外界作用(如受热、明火、撞击等),爆炸是不会发生的。也就是说,任何一种爆炸品的爆炸都需要外界供给它一定的能量——起爆能。某一炸药起爆所需的最小能量,即为该炸药的敏感度。起爆能与敏感度成反比,起爆能越小,敏感度越高。爆炸品所需的起爆能较小,如受到摩擦、撞击都可引起爆炸,因此爆炸品在储运中必须远离火种、热源及防振等。

二、爆炸品的分类

爆炸品按其爆炸危险性的大小可分为 6 项。

1. 有整体爆炸危险的物质和物品

整体爆炸是指瞬间能影响到几乎全部载荷的爆炸。部分物质见表 3-1。

有整体爆炸危险的物质和物品　　　　表 3-1

联合国编号	名称和说明	类别或项别❶
0004	苦味酸铵,干的,或湿的,按质量含水低于 10%	1.1D
0005	武器弹药筒,带有爆炸装药	1.1F
0006	武器弹药筒,带有爆炸装药	1.1E
0027	黑火药(火药),颗粒状或粉状	1.1D
0028	压缩黑火药(火药)或丸状黑火药(火药)	1.1D
0029	非电引爆雷管,爆破用	1.1B

2. 有迸射危险,但无整体爆炸危险的物质和物品

本项部分物质见表 3-2。

有迸射危险,但无整体爆炸危险的物质和物品　　　　表 3-2

联合国编号	名称和说明	类别或项别
0007	武器弹药筒,带有爆炸装药	1.2F
0009	燃烧弹药,带有或不带起爆装置、发射剂或推进剂	1.2G
0015	发烟弹药,带有或不带起爆装置、发射剂或推进剂	1.2G
0018	催泪弹药,带有或不带起爆装置、发射剂或推进剂	1.2G
0035	炸弹,带有爆炸装药	1.2D
0039	摄影闪光弹	1.2G

3. 有燃烧危险并有局部爆炸危险或局部迸射危险或这两种危险都有,但无整体爆炸危险的物质和物品

本项包括满足下列条件之一的物质和物品:①可产生大量辐射热的物质和物品;②相继燃烧产生局部爆炸或迸射效应或两种效应兼而有之的物质和物品。部分物质见表 3-3。

---

❶ 危险货物的主要危险性,其中第 1 类危险货物还包括其所属的配装组,危险货物的类别或项别以及爆炸品配装组划分按 GB 6944 确定。

有燃烧危险并有局部爆炸危险或局部迸射危险或这两种危险
都有,但无整体爆炸危险的物质和物品 表3-3

联合国编号	名称和说明	类别或项别
0010	燃烧弹药,带有或不带起爆装置、发射剂或推进剂	1.3G
0016	发烟弹药,带有或不带起爆装置、发射剂或推进剂	1.3G
0019	催泪弹药,带有或不带起爆装置、发射剂或推进剂	1.3G
0050	闪光弹药筒	1.3G
0054	信号弹药筒	1.3G
0077	二硝基苯酚的碱金属盐,干的,或湿的,按质量含水低于15%	1.3C

前3项爆炸品运输车辆的标志牌图形如图3-2所示❶。

4. 不呈现重大危险的物质和物品

本项包括运输中被意外点燃或引发时仅出现较小危险的物质和物品;其影响主要限于包件本身,并预计射出的碎片不大、射程也不远,外部火烧不会引起包件内全部内装物的瞬间爆炸。部分物质见表3-4。

不呈现重大危险的物质和物品 表3-4

联合国编号	名称和说明	类别或项别
0044	帽型起爆器	1.4S
0055	空弹药筒壳,带有起爆器	1.4S
0066	点燃导火索	1.4G
0131	引信点火器	1.4S
0197	发烟信号器	1.4G
0312	信号弹药筒	1.4G

第4项爆炸品运输车辆的标志牌图形如图3-3所示。

(底色:橙红色,图案:黑色)
图3-2 前3项爆炸品运输车辆的标志牌图形

(底色:橙红色,图案:黑色)
图3-3 第4项爆炸品运输车辆的标志牌图形

5. 有整体爆炸危险的非常不敏感物质

本项包括有整体爆炸危险性,但非常不敏感以致在正常运输条件下引发或由燃烧转为

---

❶ 国内有关标准,对爆炸品标志的表述不一致。在危险货物道路运输业,要执行《道路运输危险货物车辆标志》(GB 13392—2005)的有关要求。

爆炸的可能性很小的物质。

第5项爆炸品运输车辆的标志牌图形如图3-4所示。

6.无整体爆炸危险的极端不敏感物品

本项包括仅含有极端不敏感起爆物质,并且其意外引发爆炸或传播的概率可忽略不计的物品。同时本项物品的危险仅限于单个物品的爆炸。例如,UN 0486 极端不敏感爆炸性物品(1.6N)。

第6项爆炸品运输车辆的标志牌图形如图3-5所示。

(底色:橙红色,图案:黑色)
图3-4 第5项爆炸品运输车辆的标志牌图形

(底色:橙红色,图案:黑色)
3-5 第6项爆炸品运输车辆的标志牌图形

在《危险货物品名表》(GB 12268—2012)中,第5项仅有 UN 0482、第6项仅有 UN 0486,由此可知爆炸品中第5和6项所占的比例很小。

第二节 气 体

气体是指满足下列条件之一的物质:(1)在50℃时,蒸气压力大于300kPa的物质;(2)20℃时在101.3kPa标准压力下完全是气态的物质。该类物品当受热、撞击或强烈拔地而振动时会增大容器的内压力,使容器破裂爆炸或致气瓶阀门松动漏气导致火灾、中毒事故。

一、气体的分项

根据气体的理化性质,可分为易燃气体、不燃气体、有毒气体3项。

1.易燃气体

此类气体极易燃烧,与空气混合能形成爆炸性混合物,如丁烷、丁烯等,其标志见图3-6,主要物品见表3-5。

底色:正红色
图形:火焰(黑色或白色)
文字:黑色或白色

图3-6 易燃气体标志

易 燃 气 体   表 3-5

联合国编号	名称和说明	类别和项别
1001	溶解乙炔	2.1
1011	丁烷	2.1
1012	丁烯	2.1
1027	环丙烷	2.1
1032	无水二甲胺	2.1
1033	二甲醚	2.1
1035	乙烷	2.1

2. 不燃气体

常见的不燃气体有氮、二氧化碳、氩、氖、氦等。此项还包括助燃气体氧、压缩空气等。其标志见图3-7，主要物品见表3-6。

底色：绿色
图形：气瓶（黑色或白色）
文字：黑色或白色

图 3-7 不燃气体标志

不 燃 气 体   表 3-6

联合国编号	名称和说明	类别和项别
1002	压缩空气	2.2
1013	二氧化碳	2.2
1065	压缩氖	2.2
1066	压缩氮	2.2
1078	制冷气体，未另作规定的	2.2
1080	六氟化硫	2.2
1951	冷冻液态氩	2.2

3. 有毒气体

此类气体吸入后能引起人畜中毒，甚至死亡，有些还能燃烧。常见的有一氧化氮、氯气等。其标志见图3-8，主要物质和物品见表3-7。

底色：白色
图形：骷髅头和交叉骨形（黑色）
文字：黑色

图 3-8 有毒气体标志

有 毒 气 体　　　　　　　　　　　　　　　　　　　表 3-7

联合国编号	名称和说明	类别和项别
1005	无水氨	2.3
1008	三氟化硼	2.3
1016	压缩一氧化碳	2.3
1017	氯	2.3
1023	压缩煤气	2.3
1053	硫化氢	2.3
1064	甲硫醇	2.3

二、气体的危险性

1. 易燃易爆性

可燃气体的主要危险性是易燃易爆，所有处于燃烧浓度范围之内的可燃气体，遇着火源都能发生着火或爆炸，有的可燃气体遇到极微小能量着火源的作用即可引爆。

可燃气体着火或爆炸的难易程度，除受着火源能量大小的影响外，它要取决于其化学组成，而其化学组成又决定着可燃气体的燃烧浓度范围的大小、自燃点的高低、燃烧速度的快慢和发热量的多少。综合可燃气体燃烧现象，其易燃易爆性具有以下 3 个特点。

（1）比液体、固体易燃，且燃速快，一燃即尽。这是因为一般气体分子间力小，容易断键，无须熔化分解过程，也无需要熔化分解所消耗的热量。

（2）一般规律是由简单成分组成的气体比复杂成分组成的气体易燃，燃速快，火焰温度高，着火爆炸危险性大。如氢气（H_2）比甲烷（CH_4）、一氧化碳（CO）等组成复杂的可燃气体易燃，且爆炸浓度范围大。这是因为单一成分的气体不需受热分解的过程和分解所消耗的热量。

（3）价键不饱和的可燃气体比相对应的价键饱和的可燃气体的火灾危险性大，这是因为不饱和的可燃气体的分子结构中有双键或三键，化学活性强，在通常条件下，即能与氯、氧等氧化剂起反应而发生着火或爆炸，所以火灾危险性大。

2. 扩散性

处于气体状态的任何物质都没有固定的形状和体积，且能自发地充满任何容器。由于空气体的分子间距大，相互作用力小，所以非常容易扩散。压缩液化气体也毫无例外地具有这种扩散性。压缩、液化气体的扩散性受气体本身密度的影响。可燃气体的扩散特点是：

（1）比空气轻的可燃气体逸散在空气中可以无限制的扩散，易与空气形成爆炸性混合物,而且能够顺风飘荡,致使可燃气体着火爆炸和蔓延扩展。

(2)比空气重的可燃气体泄漏出来,往往漂流于地表、沟渠、隧道、厂房死角处等,长日时间聚集不散,易遇着火源发生着火或爆炸,同时,密度大的可燃气体一般都有较大的发热量,在火灾条件下,易于造成火势扩大。

3. 可缩性和膨胀性

气体胀缩性主要是气体状态变化,其特点是:

(1)当压力不变时,气体温度与体积成正比,即温度越高,体积越大。

(2)当温度不变时,气体体积与压力成反比,即压力越大,体积越小。根据这一特性,气体在一定压力下可以压缩,甚至可以压缩成液态。所以气体通常都是经过压缩后存于气瓶中。

(3)在体积不变时,气体的温度与压力成正比。这就是说,气体在固定容积的容器内被加热的温度越高,其膨胀后形成的压力就越大。如果盛装压缩或液化气体的容器(气瓶)在储运过程中受到高温、暴晒等热源作用,容器内的气体就会急剧膨胀,产生比原来更大的压力,当压力超过了容器的耐压强度时,就会引起容器膨胀或爆炸,造成伤亡事故。因此,压缩气体和液化气体,在储存、运输和使用过程中,一定要注意防火、防晒、隔热措施,在向容器内充装时,要注意极限温度和压力,严格控制充装装置,防止超装、超温、超压造成事故。

4. 腐蚀性、毒害性和窒息性

(1)腐蚀性:主要是一些含氢、硫元素的气体具有腐蚀性。如硫化氢、硫氧化碳、氨、氢等,都能腐蚀设备,削弱设备的耐压强度,严重时可导致设备系统裂隙、漏气,引起火灾等事故。目前危险性最大的是氢,氢在高压下渗透到碳素中去,使金属容器发生"氢脆"变疏,因此,对盛装这类气体的容器,要采取一定的防腐措施。

(2)毒害性:压缩液化气体,除氧气和压缩空气外,大都具有一定毒害性。我国《危险货物品名表》列入管理的剧毒气体中毒性最大的是氰化氢,当空气中浓度达到 $300mg/m^3$ 时,能够使人立即死亡;$200mg/m^3$ 时,人在 10min 后死亡;$100mg/m^3$ 时,一般在 1h 后死亡。其中有些不仅剧毒,而且易燃,如氰化氢、硫化氢、二甲胺、氨、溴甲烷、二硼烷、三氟氯乙烯等。

(3)窒息性:压缩、液化气体除氧气和压缩空气外,都有窒息性。一般对压缩液化气体的易燃易爆性和毒害性易引起人们注意,而对窒息性往往易被忽视,尤其是那些不燃无毒的气体,如氮气、二氧化碳及氦、氖、氩、氪、氙等惰性气体,虽然它们无毒不燃,但都必须充装在容器内,并必须有一定的压力,如二氧化碳、氮气、氦、氩、氪等惰性气体气瓶的工作压力均可达 15MPa,设计压力有的可达 20~30MPa,这些气体一旦泄漏于房间或大型设备或装置内时均会使现场人员窒息死亡。另外,充装这些气体的气瓶,也是压力容器,在受热或受到火场上的热辐射时,将会使气瓶压力升高,当超过其强度时即发生爆裂,现场人员也会被伤害。

第三节 易燃液体

易燃液体是指闭杯试验闪点≤60℃的液体、液体混合物或含有固体混合物的液体。但不包括由于存在其他危险已列入其他类别管理的液体。

本类物质在常温下易挥发,在空气中遇火源易于燃烧,其蒸气易与空气混合形成爆炸性混合物。据统计,易燃液体运输时,世界航行的船舶、飞机以及国内运输车辆舱(厢)内的最高温度一般不超过55℃(也有可能由于意外因素而超过这一数值)。因此,闪点低于55℃的液体在运输中有引起火灾的危险。同时考虑到一定的保险系数,以及与国际标准统一的原则,故国家将闭杯试验闪点≤60℃作为区别易燃液体的标准。易燃液体标志见图3-9,其主要物质和物品见表3-8。

- 低闪点液体:闪点<-18℃
  如:乙醚(闪点为-45℃)
  　　丙酮(闪点为-20℃)
- 中闪点液体:-18℃≤闪点<23℃
  如:苯(闪点为-11℃)
  　　乙醇(闪点为12℃)等
- 高闪点液体:23℃≤闪点≤60℃
  如:丁醇(闪点为35℃)
  　　氯苯(闪点为28℃)等

图3-9　易燃液体标志

易 燃 液 体　　　　　　　　　　　表3-8

联合国编号	名称和说明	类别和项别
1145	环己烷	3
1208	己烷	3
1265	α 戊烷	3
2370	1－己烯	3
2457	2,3－二甲基丁烷	3
2460	2－甲基－2－丁烯	3
2561	3－甲基－1－丁烯	3

一、闪点的概念

闪燃是在液体表面上能产生足够的可燃蒸气,遇火能产生一闪即燃的燃烧现象。闪燃是可燃液体的特征之一。

闪点,即在规定条件下,可燃性液体加热到它的蒸气和空气组成的混合气体与火焰接触时,能产生闪燃的最低温度。闪点是表示易燃液体燃爆危险性的一个重要指标,闪点越低,燃爆危险性越大。

闪点有开杯和闭杯两种值。

二、易燃液体的6种危险特性

(1)高度易燃性;
(2)易爆性;
(3)高度流动扩散性;

(4)受热膨胀性；
(5)忌氧化剂和酸；
(6)毒性。

三、易燃液体危险特性

1. 高度易燃性

易燃液体的主要特性是具有高度易燃性,其原因主要是：

(1)易燃液体几乎全部是有机化合物,分子组成中主要含有碳原子和氢原子,易和氧反应而燃烧。

(2)由于易燃液体的闪点低,其燃点也低(燃点一般约高于闪点1～5℃),因此易燃液体接触火源极易着火而持续燃烧。

2. 易爆性

易燃液体挥发性大,当盛放易燃液体的容器有某种破损或不密封时,挥发出来的易燃蒸气扩散到存放或运载该物品的库房或车厢的整个空间,与空气混合,当浓度达到一定范围,即达到爆炸极限时,遇明火或火花即能引起爆炸。

3. 高度流动扩散性

易燃液体的分子多为非极性分子,黏度一般都很小,不仅本身极易流动,还因渗透、浸润及毛细现象等作用,即使容器只有极细微裂纹,易燃液体也会渗出容器壁,扩大起表面积,并源源不断地挥发,使空气中的易燃液体蒸气浓度增高,从而增加了燃烧爆炸的危险性。因此,储存中应保证容器完好密封。

4. 受热膨胀性

易燃液体的膨胀系数比较大,受热后体积容易膨胀,同时其蒸气压亦随之升高,从而使密封容器中内部压力增大,造成"鼓桶",甚至爆裂,在容器爆裂时会产生火花而引起燃烧爆炸。因此,易燃液体应避热存放,灌装时容器内应留有5%以上的空隙,不可灌满。

5. 忌氧化剂和酸

易燃液体与氧化剂或有氧化性的酸类(特别是硝酸)接触,能发生剧烈反应而引起燃烧爆炸。这是因为易燃液体都是有机化合物,能与氧化剂发生氧化反应并产生大量的热,使温度升高到燃点引起燃烧爆炸。例如：松节油遇硝酸立即燃烧。

因此,易燃液体不得与氧化剂及有氧化性的酸类接触。

6. 毒性

大多数易燃液体及其蒸气均有不同程度的毒性,例如：甲醇、苯、二硫化碳等,不但吸入其蒸气会中毒,有的经皮肤吸收也会造成中毒事件,应注意劳动防护。

第四节　易燃固体、易于自燃的物质、遇水放出易燃气体的物质

易燃固体指燃点低、对热、撞击、摩擦敏感,易被外部火源点燃,燃烧迅速,并可能散发出有毒烟雾或有毒气体的固体。但不包括已列入爆炸品的物品。如：红磷、硫磺等,这类物质易于引起火灾。易燃固体标志见图3-10,其主要物质和物品见表3-9。

底色：红白相间的垂直宽条（红7、白6）
图形：火焰（黑色或白色）
文字：黑色

图3-10　易燃固体标志

易 燃 固 体　　　　　　　　　　　　　　　　　　　表3-9

联合国编号	名称和说明	类别和项别
1323	铈铁合金	4.1
1338	非晶形磷	4.1
1341	三硫化四磷，不含黄磷和白磷	4.1
1343	三硫化二磷，不含黄磷和白磷	4.1
1437	氢化锆	4.1
1871	氢化钛	4.1
2989	亚磷酸二氢铅	4.1

易于自燃的物质：指自燃点低，在空气中易于氧气发生氧化反应，放出热量，而自行燃烧的物品。如：黄磷（白磷）、保险粉（连二亚硫酸钠）。易于自然的物质的标志见图3-11，其主要物质见表3-10。

底色：上半部白色，下半部红色
图形：火焰（黑色或白色）
文字：黑色或白色

图3-11　易于自燃的物质标志

易于自燃的物质　　　　　　　　　　　　　　　　　　表3-10

联合国编号	名称和说明	类别和项别
1854	发火钡合金	4.2
1855	发火钙金属	4.2
2008	干锆粉	4.2
2447	熔融白磷	4.2
2545	锆粉，干的	4.2
2546	钛粉，干的	4.2

遇水放出易燃气体的物质:指遇水或受潮时,发生剧烈化学反应,放出大量的易燃气体和热量的物品。有些不需明火,即能燃烧或爆炸。如:钠、钾等。遇水放出易燃气体的物质标志见图3-12,其主要物质和物品见表3-11。

底色:蓝色
图形:火焰(黑色)
文字:黑色

图3-12　遇水放出易燃气体的物质标志

遇水放出易燃气体的物质　　　　　　　　　　　　　　表3-11

联合国编号	名称和说明	类别和项别
1401	钙	4.3
1415	锂	4.3
1420	钾金属合金,液态	4.3
1422	钾钠合金,液态	4.3
1428	钠	4.3
2257	钾	4.3

一、易燃固体的火灾危险性

1. 燃点低、易点燃

易燃固体的着火点都比较低,一般都在300℃以下,在常温下只要有能量很小的着火源与之作用即能引起燃烧。如镁粉、铝粉只要有20MJ的点火能即可点燃;硫磺、生松香只需15MJ的点火能即可点燃,有些易燃固体当受到摩擦、撞击等外力作用时也能引发燃烧。有些易燃固体在储存、撞击等外力的作用时也能引发燃烧。所以易燃固体在储存、运输、装卸的过程中,应当注意轻拿轻放,避免摩擦、撞击等外力作用。

2. 遇酸、氧化剂易燃易爆

绝大多数易燃固体与酸、氧化剂接触,尤其是与强氧化剂接触,能够立即引起着火或爆炸。如发孔剂H与酸性物质接触能立即起火,萘与发烟硫酸接触反应非常剧烈,甚至引起爆炸。红磷与氯酸钾、硫磺与过氧化钠或氯酸钾相遇,都会立即引起着火或爆炸。

3. 本身或燃烧产物有毒

很多易燃固体本身具有毒害性,或燃烧后能产生有毒的物质。如硫磺、三硫化四磷等,不仅与皮肤接触(特别夏季有汗的情况下)能引起中毒,而且粉尘吸入人体后,亦能引起中毒。又如硝基化合物、硝化棉及其制品,重氮氨基苯等易燃固体,由于本身含有硝基(-NO_2)、亚硝基(-NO)、重氮基(-N=N-)等不稳定的基团,在快速燃烧的条件下,都有可能转为爆炸,燃烧时还会产生大量的一氧化碳、氧化氮、氢氰酸等有毒气体。

4. 遇湿易燃性

硫的磷化物类,不仅具有遇火受热的易燃性,还具有遇湿易燃性。如五硫化二磷、三硫化四磷等遇水产生具有腐蚀性和毒性的可燃气体硫化氢。

5. 自燃危险性

易燃固体中的赛璐珞、硝化棉及其制品等在积热不散条件下,都容易自然起火,硝化棉在40℃的条件下就会分解。因此,这些易燃固体的储存和远航水上运输时,一定要注意通风、降温、散潮、堆垛不可过大、过高,加强养护管理,防止自然造成火灾。

二、易于自燃的物质特性

易于自燃的物质多具有容易氧化、分解的性质,且燃点较低。在未发生自燃前,一般都经过缓慢的氧化过程,同时产生一定热量,当产生的热量越来越多,积热使温度达到该物质的自然点时自发地着火燃烧。

凡能促进氧化反应的一切因素均能促进自燃。空气、受热、受潮、氧化剂、强酸、金属粉末等能与易于自燃的物质发生化学反应或对氧化反应有促进作用。

因此,易于自燃的物质潜在的火灾危险性很大,应专库储存。

三、遇水放出易燃气体的物质

(1)与水或潮湿空气中的水分能发生剧烈化学反应,放出易燃气体和热量。如:

$$2Na + 2H_2O = 2NaOH + H_2 + 热量$$

即使当时不发生爆炸,但放出的易燃气体集中在容器或室内与空气亦会形成爆炸性混合物而导致危险。因此此类物品严禁露天存放,库房必须干燥,严防漏水或雨雪浸入。

(2)一些遇水放出易燃气体的物质还具有腐蚀性或毒性,如硼氢类化合物有剧毒。

四、影响易燃固体危险性的因素

影响易燃固体危险性因素除与其本身的化学组成和分子结构有关外,还与下列因素有关。

(1)单位体积表面积。同样固体物质,单位体积表面积越大,其火灾危险就越大,反之则小。

(2)热分解温度。由多种元素组成的固体物质,如硝化纤维及其制品、硝基化合物、某些合成树脂和棉花等,其火灾危险性还取决于热分解温度。一般规律是热分解温度越低,燃速越快,火灾危险性就越大,反之则越小。

(3)含水率。固体的含水率不同,其燃烧性也不同。如硝化棉含水在35%以上时,就比较稳定,若含水率在20%就有着火危险,稍经摩擦、撞击或遇到其他火种作用,都易引起着火。又如二硝基苯酚,干或未浸湿时有很大的爆炸危险性,所以列为爆炸品管理。但含水量15%以上时,就主要表现为着火而不易发生爆炸,故对此列为易燃固体管理。若二硝基苯酚完全溶解在水中,其燃烧性能大大降低,主要表现为毒害性,所以将这样的二硝基苯酚列为毒性物质管理。

第五节 氧化性物质和有机过氧化物

氧化性物质和有机过氧化物这类物质具有强氧化性,易引起燃烧、爆炸。按其组成分为2项。

1. 氧化性物质

氧化性物质是指处于高氧化态,具有强氧化性,易分解并放出氧和热量的无机氧化性物质,包括含有过氧基的无机物。氧化性物质标志见图3-13,其主要物质见表3-12。这类物品本身不一定可燃,但导致可燃物的燃烧。与松软粉末可燃物能组成爆炸性混合物,对热、振动或摩擦较敏感。有些氧化性物质与易燃物、有机物、还原剂等接触,即能分解引起燃烧爆炸。少数氧化性物质容易发生自动分解(不稳定性),从而其本身就会具有发生着火和爆炸所需的所有成分。大多数氧化性物质和强酸类液体发生剧烈反应,放出剧毒性气体,某些氧化性物质在卷入火中时,亦可放出这种气体。有些氧化性物质具有毒性或腐蚀性。

图3-13 氧化性物质标志

氧化性物质   表3-12

联合国编号	名称和说明	类别和项制
1449	过氧化钡	5.1
1457	过氧化钙	5.1
1472	过氧化锂	5.1
1476	过氧化镁	5.1
1491	过氧化钾	5.1
1504	过氧化钠	5.1
1509	过氧化锶	5.1
1516	过氧化锌	5.1

(1)强烈的氧化性。氧化性物质物多为碱金属、碱土金属的盐或过氧化基所组成的化合物。其特点是氧化价态高,金属活泼性强,易分解,有极强的氧化性,本身不燃烧,但与可燃物作用能发生着火和爆炸。

(2)受热被撞分解性。在现行列入氧化性物质管理的危险品中,除有机硝酸盐类外,都是不燃物质,但当受热、被撞或摩擦时分解出氧,若接触易燃物、有机物,特别是与木炭粉、硫磺粉、淀粉等混合时,能引起着火和爆炸。

(3)可燃性。氧化性物质绝大多数是不燃的,但也有少数具有可燃性。在氧化性物质中主要是有机硝酸盐类。

(4)与可燃液体作用自燃性。有些氧化性物质与可燃液体接触能引起自燃。如高锰酸钾与甘油或乙二醇接触,过氧化钠与甲醇或醋酸接触,铬酸与丙酮或香蕉水接触等,都能自燃起火。

(5)与酸作用分解性。氧化性物质遇酸后,大多数能发生反应,而且反应常常是剧烈的,甚至引起爆炸。如过氧化钠、高锰酸钾与硫酸,氯酸钾与硝酸接触都十分危险。

（6）与水作用分解性。有些氧化性物质,特别是活泼金属的过氧化性物质,遇水或吸收空气中的水蒸气和二氧化碳能分解放出原子氧,致使可燃物质燃爆。

（7）强氧化性物质与弱氧化性物质作用分解性。在氧化性物质中强氧化性物质与弱氧化性物质相互之间接触能发生复分解反应,产生高热而引起着火或爆炸。因为弱氧化性物质中虽然有较强的氧化性,但遇到比其氧化性强的氧化性物质时,又呈还原性。如漂白粉、亚硝酸盐、亚氯酸盐、次氯酸盐等氧化性物质,当遇到氯酸盐、硝酸盐等氧化性物质时,即显示还原性,发生剧烈反应,引起着火或爆炸。如硝酸铵与亚硝酸钠作用能分解生成硝酸钠和危险性更大的亚硝酸铵。

（8）腐蚀毒害性。不少氧化性物质还具有一定的毒性和腐蚀性,能毒害人体,烧伤皮肤。如二氧化铬(铬酸)既有毒性,也有腐蚀性,故储运这类物品时,要注意安全防护。

2. 有机过氧化物

有机过氧化物是一种含有两价的-O-O-结构的有机物质,也可能是过氧化氢的衍生物,其本身是易燃易爆、极易分解,对热、振动和摩擦极为敏感。如过蚁酸:$HCOOOH$,过乙酸:CH_3COOOH等。

图3-14 有机过氧化物标志

有机过氧化物是热稳定性较差的物质,并可发生放热的加速分解过程。其危险特性可归纳以下几点：

（1）分解爆炸性。由于有机过氧化物都含有过氧基-O-O-,而-O-O-基是极不稳定的结构,对热、振动、冲击或摩擦都极为敏感。所以当受到轻微的外力作用时即分解。

（2）易燃性。有机过氧化物不仅极易分解爆炸,而且特别易燃,有的非常易燃。如过氧化叔丁醇的闪点26.67℃,过氧化二叔丁酯的闪点只有12℃。有机过氧化物当因受热与杂质(如酸、重金属化合物、胺等)接触或摩擦、碰撞而发热分解时,可能产生有害或易燃气体或蒸气,许多有机过氧化物易燃,而且燃烧迅速猛烈,当封闭受热时极易由迅速爆燃而转为爆炸。所以扑救有机过氧化物火灾时应特别注意爆炸的危险性。

（3）伤害性。有机过氧化物的危害性是特别容易伤害眼睛。如过氧化环己酮、叔丁基过氧化氢、过氧化二乙酰等,都对眼睛有伤害作用。其中有些即使与眼睛短暂接触,也会对眼角膜造成严重伤害。因此,应避免眼睛接触有机过氧化物。

综上所述,有机过氧化物的火灾危险性主要取决于物质本身的过氧基含量和分解温度。有机过氧化物的过氧基含量越多,其热分解温度越低,则火灾危险性就越大。

第六节　毒性物质和感染性物质

一、毒性物质

毒性物质是指进入人(或动物)肌体后,累积达到一定的量,能与体液和组织发生生物化学作用或生物物理作用,扰乱或破坏肌体的正常生理功能,引起暂时性或持久性的病理改变,甚至危及生命的物品。其毒指标见表3-13。毒性物质标志见图3-15,主要毒性物质和物品见表3-14。

毒性物质毒性指标 表3-13

项　目	指　　　标	
	物态	数　值
经口摄取半数致死量(LD_{50})	固体	$LD_{50} \leqslant 500$mg/kg
	液体	$LD_{50} \leqslant 2000$mg/kg
经皮肤接触24h半数致死量	液体或气体	$LD_{50} \leqslant 1000$mg/kg
粉尘、烟雾及蒸气吸入半数致死量	固体或液体	$LC_{50} \leqslant 10$mg/L

如苯酚大鼠经口摄取量 $LD_{50}=317$mg/kg。

经口：$LD_{50} \leqslant 50$mg/kg

经皮：$LD_{50} \leqslant 200$mg/kg

吸入：$LC_{50} \leqslant 500 \times 10^{-6}$（气体）或2.0mg/L（蒸气）或0.5mg/L（尘、雾）

图3-15　毒性物质标志

毒　性　物　质 表3-14

联合国编号	名称和说明	类别和项别
1587	氰化铜	6.1
1626	氰化汞钾	6.1
1636	氰化汞	6.1
1653	氰化镍	6.1
1679	氰亚铜酸钾	6.1
1689	氰化钠,固态	6.1
1889	溴化氰	6.1

1. 毒性物质的危险特性

(1)毒害性。毒性物质的主要危险性是毒害性。毒害性则主要表现为对人体及其他动物的伤害。但伤害是有一定途径的。引起人体及其他动物中毒的主要途径是呼吸道、消化道和皮肤3个方面。

(2)影响毒害性的因素。首先,从化学组成和结构上看毒害物品毒性的大小,主要决定于它们的化学组成和化学结构。如有机化合物的饱和程度对毒性有一定影响,乙炔毒性比乙烯大。乙烯毒性比乙烷大等。有些毒害品毒性的大小,则与分子上烃基的碳原子数有关。如甲基内吸磷比乙基内吸磷的毒性小50%;硝基化合物中随着硝基的增加而毒性增强,若将卤原子引入硝基化合物中,毒性随着卤原子的增加而增强。毒害品结构的变化,对毒性的影响也很大,如当同一硝基($-NO_2$)在苯环上位置改变时,其毒性相差数倍。

2. 毒性物质的分类

(1)毒性物质分类标准。毒性物质是指口服、吸入与皮肤接触后易致人体死亡、严重受伤或有损健康的物质。按其口眼、皮肤接触和吸入粉尘或烟雾中毒施毒方式所显示的毒性进行分类分级的。

(2)按化学组成分类。根据毒性物质的化学组成,毒性物质还可分为无机和有机两大类。一是无机毒性物质;二是有机毒性物质。

3. 毒性物质的操作注意事项

(1)储存时严禁将毒性物质与食品或食品添加剂混储混运。

(2)搬运毒性物质应轻装轻卸,严禁摔碰、翻滚,防止包装容器破损,并应禁止肩扛、背负。

(3)作业人员应穿戴防护服、口罩、手套(禁止徒手接触有毒品),必要时戴防毒面具。

(4)操作中严禁饮食、吸烟。作业后应洗澡、更衣。

二、感染性物质

感染性物质是指带有某些病原体能使人和动物染上疾病的物质。如病毒、细菌、HIV 病毒、含病毒的唾液、医疗废弃物。感染性物品标志见图 3-16,主要感染性物质见表 3-15。

图 3-16 感染性物品标志

感 染 性 物 品   表 3-15

联合国编号	名称和说明	类别和项别
2814	感染性物质,对人感染	6.2
2900	感染性物质,只对动物感染	6.2

1. 感染性物质包括

(1)生物制品,如疫苗、诊断制品;

(2)培养物(实验室繁殖物);

(3)病患标本;

(4)医疗或临床废弃物(源自于人或动物的医疗诊治或生物研究)。

2. 感染性物质划分

A 类以某种形式运输的感染性物质,当与之发生接触时,能够导致健康人或动物永久性的残疾、构成生命威胁或致死疾病。

B 类不符合 A 类标准的感染性物质。

第七节　放射性物质

有许多天然的人工生产的核素都能自发地发射各种射线。有的发射 α 射线,有的发射 β 射线,有的发射 α 射线或 β 射线的同时也发射 γ 射线,有的三种射线均有。此外,还有发射正电子、质子、中子等其他粒子的。原子核自发地放射各种射线的现象,称为放射性。凡能自发地不断地放出人们感觉器官不能觉察到的射线的物质,称为放射性物质。放射性物质标志见图 3-17。

图 3-17　放射性物质标志

放射性物质是指放射性比活度大于 7.4×10^4 Bq/kg 的物品。按其放射性大小细分为一级放射性物质、二级放射性物质和三级放射性物质。如：金属铀、六氟化铀、金属钍等。

一、放射性物质的危险特性

（1）放射性。放射性物质可放出 α 射线、β 射线、γ 射线、中子流，各种放射性物质放出的射线种类和强度不尽一致。

（2）毒害性。许多放射性物质毒性很大。如钋 210、镭 226、镭 228、钍 228、钍 230 等都是剧毒的放射性物质；钠 22、钴 60、锶 90、碘 131、铅 210 等为高毒的放射性物质，均应注意。

（3）不可抑制性。不能用化学方法中和使其不放出射线，而只能设法把放射性物质清除或者用适当的材料予以吸收屏蔽。

（4）易燃性。放射性物质除具有放射性外，多数具有易燃性，有的燃烧十分强烈，甚至引起爆炸。如独居石遇明火能燃烧；硝酸铀、硝酸钍等遇高温分解，遇有机物、易燃物都能引起燃烧，且燃烧后均可形成放射性灰尘，污染环境，危害人们健康。

（5）氧化性。有些放射性物质不仅具有易燃性，而且大部分兼有氧化性。如硝酸铀、硝酸钍都具有氧化剂性质。硝酸铀的醚溶液在阳光的照射下能引起爆炸。

二、放射性物质的分类

放射性物质的分类方法很多，比较常用的有以下几种：

（1）按物理形态分类。一是固体放射性物质。如钴 60、独居石等；二是粉末状放射物品。如夜光粉、铈钠复盐等；三是液体放射性物质。如发光剂、医用同位素制剂磷酸二氢钠 – P32 等；四是晶粒、吠放射性的物质。如硝酸钍等；五是气体放射性物质；如氪 85、氩 41 等。

（2）按放出的射线类型分类。一类是放射出 α、β、γ 射线的放射性物质。如镭 226；二类是放射出 α、β 射线的放射性物质。如天然铀；三类是放射出 β、γ 射线的放射性物质。如钴 60；四类是放出中子流（同时也放出 α、β 或 γ 射线中的一种或两种）的放射性物质。如镭—铍中子流，钋—铍中子流等。

（3）放射性同位素按其毒性分。一是极毒组。如 Po210、Ra226、Th230 等；二是高毒组。如 Na22、S35、K42、Pb210 等；三是中毒组。如 P32、Na24、K42、Ca45 等；四是低毒组。如 C14、Cl38、Zn69 等。

（4）从储存管理和防护角度分。一是放射性同位素。如：C14、Fe58、Co60、Ra226、I131 等；二是放射性化学试剂的化工制品。如氯化铀、氧化铀、硝酸铀、硝酸钍、溴化镭、铈钠复盐、夜光粉、发光剂;三是放矿砂、矿石。如独居石、锆英石、方钍石、铀矿等;四是涂有放射性发光剂或带有放射性物质的其他物品。

(5)按其放射性强度或核安全程度,分为低比度放射性物品(LSA)、低水平固体放射性物品(LLS)、易裂变物品、特殊形式的放射性物质和爆炸性放射物质等几种。

第八节 腐蚀性物质

腐蚀性物质是指能灼伤人体组织并对金属等物品造成损坏的固体或液体。与皮肤接触在4h内出现可见坏死现象,或在55℃时,对20号钢的表面均匀年腐蚀率超过6.25mm/年的固体或液体。腐蚀性物质标志见图3-18,腐蚀性物质和物品见表3-16。

底色:上半部白色,下半部黑色
图形:上半部两个试管中液体分别向金属板和
　　　手上滴落(黑色)
文字:(下半部)白色

图3-18 腐蚀性物质标志

腐蚀性物质和物品 表3-16

联合国编号	名称和说明	类别和项别
第1项酸性腐蚀性物质		
1789	氢氯酸	8
1798	王水	8
1829	三氧化硫,稳定的	8
1831	发烟硫酸	8
2308	亚硝基硫酸	8
第2项碱性腐蚀性物质		
1823	固态氢氧化钠	8
1824	氢氧化钠溶液	8
2795	蓄电池,湿的,装有碱液,蓄电	8
3028	干蓄电池,含固态氢氯化钾,蓄电	8
第3项其他腐蚀性物质		
1198	甲醛溶液,易燃	8
1908	亚氯酸钠溶液	8
2443	三氯氧化钒	8
2803	镓	8
2809	汞	8

一、腐蚀性物质的分项

1. 酸性腐蚀性物质

如：硫酸、硝酸、盐酸、苯酐等；

2. 碱性腐蚀性物质

如：氢氧化钠、氢氧化钾、乙醇钠等；

3. 其他腐蚀性物质

如：亚氯酸钠溶液、氯化铜、氯化锌等。

二、腐蚀性物质的危险特性

1. 腐蚀性

腐蚀性物质与其他物质接触时，发生化学变化，使该物质受到破坏，这种性质就叫腐蚀性。

(1) 对人体的伤害。腐蚀性物质的形态有液体和固体（晶体、粉状）。当人们接触到这些物品后，就会引起灼伤或发生破坏性创伤，以至溃疡等。当人们吸入这些挥发出来的蒸气，或飞扬到空气中的粉尘时，呼吸道粘膜便会受到腐蚀，引起咳嗽、呕吐、头痛等症状。特别是接触氢氟酸时，能发生剧痛，使组织坏死，如不及时治疗，会导致严重后果。人体被腐蚀性物品灼伤后，伤口往往不容易愈合，在储存运输过程中，应注意防护。

(2) 对有机物质的破坏。腐蚀性物质能夺取木材、衣物、皮革、纸张及其他一些有机物质中的水分，破坏其组织成分，甚至使之碳化。如有时封口不严的浓硫酸坛中进入杂草、木屑等有机物，浅色透明的酸液会变黑就是这个道理。浓度较大的氢氧化钠溶液接触棉质物，特别是接触毛纤维，即能使纤维组织受破坏而溶解。这些腐蚀性物品在储运过程中，若渗漏或挥发出气体（蒸气）还能腐蚀库房的屋架、门窗、苫垫用品和运输工具等。

(3) 对金属的腐蚀性。在腐蚀性物质中，不论是酸性，还是碱性，对金属均能产生不同程度腐蚀作用。但浓硫酸不易与铁发生作用。不过，当储存日久，吸收空气中的水分后；浓度变稀时，也能继续与铁发生作用，使铁受到腐蚀。又如冰醋酸，有时使用铝桶包装，储存日久也能引起腐蚀，产生白色的醋酸铝沉淀。有些腐蚀性物质，特别是无机酸类，挥发出来的蒸气对库房建筑物的钢筋、门窗、照明用品、排风设备等金属物料和库房结构的砖瓦、石灰等均能发生作用。

2. 毒害性

在腐蚀性物质中，有一部分能挥发出有强烈腐蚀和毒害性的气体，如溴素、氢氟酸等。氢氟酸的蒸气在空气中浓度达到 $0.025\% \sim 0.05\%$ 以上时，即使短时间接触，也是有害的。甲酸在空气中的最高允许浓度为 5×10^{-6}。又如硝酸挥发的二氧化氮气体，发烟硫酸挥发的三氧化硫等，都对人体有相当大的毒害作用。

3. 易燃性（略）

4. 氧化性

部分无机酸性腐蚀性物质，如浓硝酸、浓硫酸、高氯酸等具有氧化性能，遇有机化合物如木屑、稻草等易因氧化发热而引起燃烧。所以，在存放时，应注意包装密封，远离木屑等有机化合物。

第九节 其他危险品

当某种物品对某种运输方式有一定的危险性,但又不具备前列的 8 大类危险货物的任何一种特性而可以归入其中某一类时,有的危险品规定如国际海协和 IATA 的《危险品规定》都为此设立了第 9 大类:其他危险品。

其他危险品定义:前 8 类没有包括进去,但经验已经证明或可以证明危险品规定应对其适用的任何其他物质。具有磁性的物质运输中一般归为 9 类杂项。杂项主要危险物质和物品见表 3-17。

杂项危险物质和物品　　　　　　　表 3-17

标　签	名称/项/代号	危险性描述	举例与注解
杂类 9	杂项危险物品 Class9 RMD	在航空运输中会产生危险但不在前 8 类中所包含。在航空运输中,可能会产生麻醉性、刺激性或其他性质而使旅客感到烦恼或不舒适	石棉、大蒜油、救生艇、内燃机、车辆、电动轮椅、航空救生器材
	颗粒状聚合物 RSB	充满易燃气体或液体,可能放出少量易燃气体	半成品聚合物材料如:聚氯乙烯颗粒
	固体二氧化碳(干冰) ICE	固体二氧化碳(干冰)温度为 $-79℃$,其升华物比空气重,在封闭的空间内大量的二氧化碳能造成窒息	干冰、冷冻蔬菜、冰盒(ICEBOX)、冰激凌
	磁性物质 Class9 MAG	这些物质产生很强的磁场	磁电管、未屏蔽的永磁体、钕铁硼

第十节 常见危险品图片

为方便广大行包安全检查员在安检工作中识别常见危险品,我们把常见危险品的实物图片汇编在一起,以供安检工作中使用,常见危险品实物图片见图 3-19。

图 3-19

第三章 危险品分类及特性

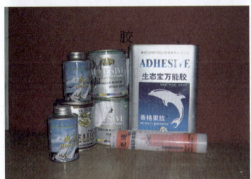
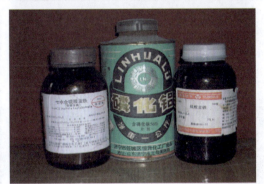

图 3-19

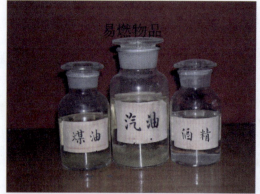
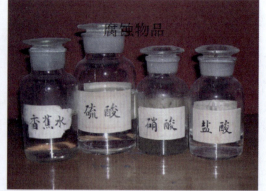
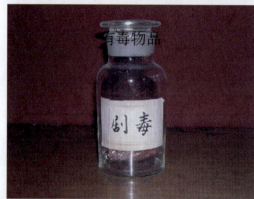
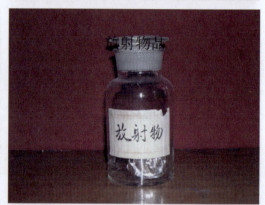
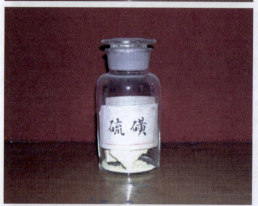
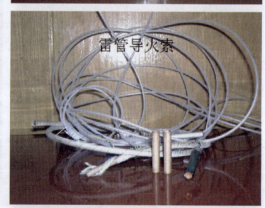
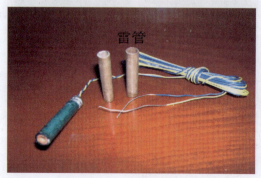
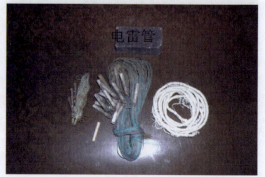

图 3-19

第三章 危险品分类及特性

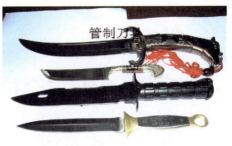

图 3-19 常见危险品实物图片

第四章　行包安全检查设备的使用与维护

第一节　安全检查设备的分类

传统的安全检测设备,如磁力针、金属武器检测门、X射线检测仪等,能发现武器和普通炸药等危险品,在以往安全检查工作中发挥了重要作用。然而,由于其受设备技术条件的限制,漏检失误较多,对高精密炸弹、塑性炸药及毒品、有毒有害的危险品无法检测。因此,世界各国的研究人员都在积极探索安全检测的新技术、新设备,集人体检查、行李检查、大宗货物检查和安全区监视系统等功能为一体的安检系统。

国外安检设备的研制与生产起步较早,但专业生产安检设备的厂家并不多,比较著名的公司有德国 Heiman 公司和美国的 Perkin Elmer 公司。我国目前仅有公安部一所和沈阳地泰检测设备有限公司等少数厂家能够生产同类安检设备,表4-1简要介绍了国内外一些主要安检设备生产厂家的产品信息情况。

国内外主要安检设备　　　　　　　　　　　　　　　　　　　　　　表4-1

生产企业	产品名称	市场及销售地区	应用范围
Heiman	HI–SCAN6040i HI–SCAN7555i HI–SCAN100100V	市场占有率很大,远销100余个国家和地区	在各种需要安检的行业都有其相应的产品
Perkin Elmer	线扫描112、231、237、232C、215、PX2000系列 MD200X型金属探测安全门 Omni型手持金属探测器	行销125个国家和地区,目前在世界范围分布有16000余台产品,以及众多的维修服务网络,Perkin Elmer公司仪器一流的产品、先进的技术和优质的售后服务享誉全球	适用于汽车客运站、机场、海关、火车站等运输部门要求对大件和其他物品进行高速安检的场所,及政府部门、法院、劳教所等一切对人身进行安检的场所
中国公安部一所	FISCANSLS-V5030型单能量X射线安全检查设备	中国公安部一所的安检设备占有我国大部分同类产品市场,其生产部门齐全,人力资源雄厚,具有很大的竞争力	适用于汽车客运站、机场、海关、车站、港口等场所
	FISCANSMEX-100120B型多能量X射线安全检查设备		适用于汽车客运站、机场、海关、车站、港口、仓库等需要检查超大件物品的地方
	FISCANSMEX-V8065B型多能量X射线安全检查设备		适用于汽车客运站、机场、海关、铁路、车站、港口、仓库等需要检查大件物品的地方

第四章　行包安全检查设备的使用与维护

续上表

生产企业	产品名称	市场及销售地区	应用范围
沈阳地泰检测设备有限公司	DEX9080B型X射线安全检查仪	沈阳地泰检测设备有限公司是一家技术实力雄厚、具有很强的自主研发和创新能力的高新企业,产品以其先进、优良、可靠的特性赢得了国内大部分市场	适用于机场、火车站、汽车客运站、大型会馆等场所
上海英迈东影图像设备有限公司	EI-10080型、EI-150180型多能量X射线安全检查仪	上海英迈东影图像设备有限公司是一家技术实力雄厚、具有很强的自主研发和创新能力的高新企业,产品以其先进、优良、可靠的特性赢得了国内大部分市场	适用于机场、火车站、汽车客运站、大型会馆等场所

第二节　电子鼻检查设备原理、使用与维护

科技的不断进步使人类已经不满足于靠嗅觉这种模糊的感觉来判断事物的气味特征。随着人类对嗅觉过程理解的不断加深以及传感器技术的不断发展,电子鼻技术应运而生。

在20世纪80年代初期,Zaromb和Stetter首先探讨了应用传感器阵列理论基础,并将阵列用于检测易燃、有毒气体;同时期,英国学者Persaud和Dodd将其用于对多种有机挥发气体进行类别分析,开创了电子鼻研究的先河。1989年在北大西洋公约组织(NATO)的一次关于化学传感器信息处理会议上对电子鼻作了如下定义:"电子鼻是由多个性能彼此重叠的气敏传感器和适当的模式分类方法组成的具有识别单一和复杂气体能力的装置"。接着,于1990年举行了第一届电子鼻专题学术会议。此后,电子鼻技术即作为一项重要专题技术被广泛研究。

电子鼻是适用于许多系统中测量一种或多种气味物质的气体敏感系统。与传统的气味分析技术,如气相色谱法(Gas Chromatography,GC)、质谱法(Mass Spectroscopy,MS)、火焰离子化检测(Flame Ionization Detection,FID)等相比,具有快捷、简便、经济等优点,因此广泛应用于食品、医药、农业、环境监控及公共安全等领域

一、工作原理

电子鼻,也称人工嗅觉系统,是模拟人类的嗅觉系统而设计研制的一种智能电子仪器,因而它的基本工作原理是模仿人类对气味的识别机制,包括3个部分:气味分子被人工嗅觉系统中的传感器阵列吸附、产生信号,如同人的嗅觉细胞;生成的信号经各种方法加工处理与传输,如同人的嗅觉神经网络;将处理后的信号经模式识别系统做出判断,如同人的大脑,对气味做出判断。

一个典型的电子鼻主要由三部分构成：顶空进样器，将装有样品的顶空密封瓶上方气体通过顶空吸入到带有传感器阵列的主机中；气体传感器阵列，带有分析样品气味的气体作用于传感器阵列，产生瞬间响应，响应强度逐渐变强再变弱，最后达到稳定状态；信号处理系统，也被称为模式识别系统，由气体传感器阵列所获得的气味信息，要经过预处理并进行特征提取，再利用软件进行各种统计分析。其中传感器阵列、模式识别系统是决定电子鼻工作效能的核心因素，电子鼻系统逻辑框图见图4-1。

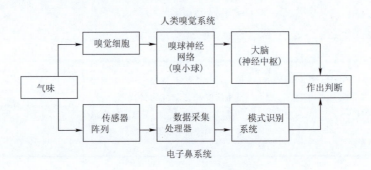

图4-1 电子鼻系统逻辑框图

电子鼻利用了各种不同传感器对气体的交叉响应，由多个传感器对一种气味的响应便构成了传感器阵列对该气味的响应谱，将传感器阵列的响应信号进行适当的预处理后进行特征提取，获得气体的特征及特征向量，不同的气体具有各自不同的特征及特征向量（其直观形式表示为特征图形或特征指纹），采用合适的模式识别分析方法对其进行处理，来实现气体的定性和定量识别。

二、应用进展

为了保证公共场所的安全，在机场、车站、码头等地检查危险爆炸物品是一项重要且艰巨的工作。这些地方通常具有人员较多、人流速度快、背景复杂、随身物品较多等特点。因此，对这些场所的爆炸物的准确、快速探测成了工作的重点和难点。

相比传统检测方法，电子鼻具有体积小、成本低、可靠性高等优点。美国的Yinun等将电子鼻用于爆炸物及化学武器挥发气体的检测。伊朗的T. Alizadeh等将附有聚合物涂层的传感器阵列电子鼻用于战争动因模拟分类，预警即将发生的化学武器威胁，使人们安全离开受污染区域。

电子鼻通过识别气体表象图谱的方法，以达到识别待测气体的功能。每种气体在气体库中有其唯一的特征图谱，当遇到气体库中没有的待测气体时，可以通过学习功能添加到气体库中，使仪器具有扩展可检测气体种类的能力，具有如下突出的优点和特点：

(1) 用一台仪器即可检测 H_2S、CO、NO_2、SO_2、O_2 几种气体，而且可以扩展到几十种或上百种气体。

(2) 可以对突发事件中的未知气体种类进行准确识别并给出大约浓度值。

(3) 操作简单、智能化、体积小、便于携带，适用于处理突发事件。

(4)能准确检测气体种类,不会受干扰气体影响而产生误报。

(5)具有大容量数据储存功能,可以实时储存所有监测数据。

(6)具有独特的智能学习功能,可以随时往数据库添加不在数据库之内的被测气体种类。

(7)维护简单,1年内无须标定。

三、主要功能

(1)实时监测、辨别确定气体的种类,概略判定气体浓度。

(2)具有在线和便携两用方式。可实施24h连续在线监测;内置充电电池,保证在断电和便携使用情况下能连续工作8h以上。

(3)超限自动声光报警。

(4)具有联网和通信功能,能够与指挥中心实时进行信息交互,实现远程控制和远程报警。

(5)具有数据采集、存储记录功能。

(6)具有故障自检和报告功能。

电子鼻可同时检测气体:一氧化碳、溴气、氯气、偏二甲肼、二氧化氯、氟气、光气、氯化氢、氟化氢、氰化氢、砷化氢、硫化氢、过氧化氢、氢气、氧气、一氧化氮、碘气、臭氧、氨气、二氧化氮、二氧化硫、酸气、氢化砷、乙硼烷、锗烷、硒化氢、磷化氢、硅烷、环氧乙烷、甲醛、甲苯、乙醇、乙炔;烷类、烃类、醇类等。

第三节　X光安检仪工作原理及使用

X光安检仪设备是借助于输送带将被检查行李送入X射线检查通道而完成检查的。行李进入X射线检查通道,将阻挡包裹检测传感器,检测信号被送往系统控制部分,产生X射线触发信号,触发X射线源发射X射线束。一束经过准直器的扇形X射线束穿过输送带上的被检物品,X射线被被检物品吸收,最后轰击安装在通道内的双能量半导体探测器。探测器把X射线转变为信号,这些很弱的信号被放大,并送到信号处理机箱做进一步处理。常见X射线安全检查仪的区别见表4-2。

常见三品检查仪的区别　　　　表4-2

	SMEX-V10080A	SMEX-V10080B	CMEX-T10080	CX-100100T	EI-10080
图像放大倍数(倍)	2,4,8	2,4,8	2,4,8,16,32	1.5倍级数放大最大放大到8倍	2,4,8
图像选区	数字键选区	数字键选区	数字键选区	导航键移动选区	数字键选区
图像回拉功能	1幅	1幅	20幅	20幅	20幅
图像存储功能	无	无	有	有	有
超薄物品检测	无	无	有	无	无
通道尺寸(cm)	100×80	100×80	100×80	100×100	100×80

续上表

	SMEX-V10080A	SMEX-V10080B	CMEX-T10080	CX-100100T	EI-10080
穿不透报警	有	无	有	有	有
考核功能	无	无	有	有	有
鼠标	无	无	有	有	有
毒品探测功能	无	有（选件）	有	有	有
训管功能	无	有	有	有	有

本节将主要以 EI-10080 型多能量 X 射线安全检查设备（见图 4-2）为例阐述如下。

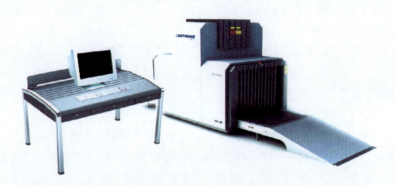

图 4-2　EI-10080 型多能量 X 射线安检设备

一、EI-10080 型多能量 X 射线安全检查设备工作原理

1. 简介

EI-10080 型多能量 X 射线安全检查设备是先进的 X 射线图像系统，该设备综合了高效半导体探测器、数字图像处理技术和计算机图像显示的优点，为用户提供了一个高效可靠和具有服务功能的高质量图像。此设备能够同时存储 10000 幅高清晰图像，具有可靠的危险品自动报警系统和自动检错维护系统，采用简单人性化的操作设计，使用户操作更加方便快捷。

由于 EI-10080 型 X 射线安全检查系统单次检查和射线泄漏的剂量极低，故该机对于操作人员、旅客及其所携带的所有商业胶片是绝对安全的。

EI-10080 型 X 射线安全检查设备由行李输送部分、X 射线控制部分、信号处理及传输部分、图像处理部分、电子控制部分等组成。与同类产品相比，具有以下特点：

（1）采用完全自主开发、达到国际先进水平的闪烁晶体阵列探测器，具有探测效率与灵敏度高、响应速度快、性价比高、工作稳定和寿命长等优点。

（2）采用国际先进的 FPGA 芯片，实现稳定可靠的数据采集、数据传输、过程控制、安全闭锁等功能。

（3）采用 USB 传输技术，支持热插拔，使用更方便。根据用户的不同要求可实现不同的组网结构。

（4）支持网络化和远程操作控制。由于系统的高度集成、模块化设计，系统具有好的扩展性和易维护性。

（5）采用国内领先的图像处理技术，图像处理更科学、图像更清晰，可进行多种图像处理方式的转换，易于识别各种违禁物品。

（6）具有强大的图像存储、检索功能，并能实现图像的远程传输和监控。

（7）采用结构优化设计和人性化界面设计，使整机具有外形美观、低噪声、高可靠性、易于操作的特点。

2. 工作原理

EI-10080 型多能量 X 射线安全检查设备是借助于传送带将被检查行李送入履带式通道完成的。行李进入通道后，将阻挡光障信号，检测信号被送至控制单元，触发射线源发射 X 射线束。一束经过准直器的非常窄的扇形 X 射线束穿透传送带上的行李物品落到双能量探测器上，高效半导体探测器把接收到的 X 射线变为电信号，这些很弱的电流信号被直接量化，通过通用串行总线传送到工业控制计算机作进一步处理，经过复杂的运算和成像处理后得到高质量的图像。其工作原理见图 4-3。

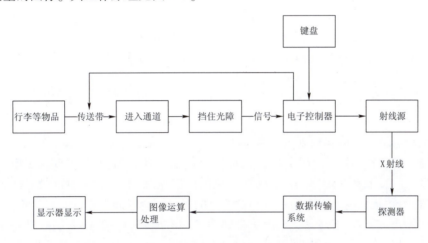

图 4-3　EI-10080 型多能量 X 射线安检设备工作原理

二、使用与操作

1. 使用前的检查

开机前检查下列各项：

（1）检查 EI-10080 型 X 射线安全检查设备的外壳面板、显示器、键盘及电缆是否有损伤。如果有损伤，严禁开机。并且应当拔出电源插头使其与主电源断开。

（2）系统通电前必须检查通道入口和出口处的用于防止 X 射线泄漏的铅门帘是否完好，如有损坏，需立即更换。

（3）检查传送带是否完好，是否有危害被检行李的尖刺和污迹。

（4）检查操作台锁有无被未经许可的人损坏的迹象。

（5）所有盖板均已盖好。

（6）检查设备的接地线是否连接完好。

2. 使用前和使用中的安全防护、安全标志及说明

虽然系统对设备的操作人员设置了一定的保护,保证了操作人员的绝对安全,但是,工作在 X 射线机周围的人员要养成良好的辐射安全意识,要特别注意遵守以下的安全事项:

(1)任何一个产生 X 射线的设备都是有害的,必须认真对待;

(2)任何的调整和维修必须由专门的技术人员来完成;

(3)不能改动安检仪的安全防护设备;

(4)不能给设备增加任何附件;

(5)不要损坏系统的外壳和铅屏蔽;

(6)不要站和坐在传送带上;

(7)手不要触摸传送带的边缘和两端滚轮;

(8)当系统运行时,检查人员和旅客身体的任何部位都不能进入检查通道;

(9)对于用户不遵守要求而损坏了设备及产生安全事故,制造厂家不负责任。

3. 操作键盘的控制键及指示灯

主控制区是指电器控制盒,主要完成设备的起动操作。

键盘是人机对话的接口,操作员通过键盘向设备发出指令。

键盘一共由 3 个区域组成:电动机控制区,数字键区,图像控制区。

(1)主控制区:主要控制设备的起动、停止等。

①钥匙开关:为设备提供必要的钥匙保护功能。经过授权并且持有钥匙的操作人员才能够开启设备,避免误操作设备引起的危险。插入钥匙,开机前顺时针旋转钥匙,使系统处在非锁定状态。逆时针旋转钥匙可关闭系统。

②通电按钮及指示灯:用于起动设备,接通设备中所有电源,电源的接通是由安装在设备内电源板上的接触器 KM1 和 KM2 动作完成的。按钮颜色为绿色。打开钥匙开关后,按下通电按钮,为系统供电。键盘指示灯和设备上的指示灯会立即点亮。

③紧急停止按钮:用于在紧急情况下停止设备,切断设备电源,电源的断开是由接触器 KM1 和 KM2 动作完成的。按钮为转动复位的自锁式蘑菇状按钮。要重新起动检查系统,需顺时针旋转紧急停止按钮使其复原,然后,再按下通电按钮。紧急停止按钮共有 3 个,一个在操作键盘上,其余两个在检查通道的两个端面板上。

④射线停止按钮:用于单独断开射线控制器的电源,使设备不能发射 X 射线,电源的断开是由接触器 KM2 动作完成的。通常是在设备调试或者检修情况下,能用到这个按钮。按钮颜色为红色。

⑤电源指示灯:设备工作时,黄色的电源指示灯亮。

(2)电动机控制区:主要控制传送带的前进或者后退,见图 4-4。

①前进:按下 FWD 键 ▶,传送带前进,上方绿色指示灯亮。

②后退:按下 REV 键 ◀,传送带后退,上方绿色指示灯亮。

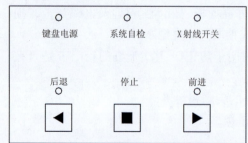

图 4-4　电动机控制区

③停止：按下 STOP 键■，传送带停止运动。

④系统自检：设备供电后，系统开始自检，黄色指示 wait 灯亮，这个过程大约持续 3~4s，然后指示灯熄灭。如果指示灯不熄灭，自检没有通过，则设备存在故障，需要检修。

⑤射线发射指示灯（X_RAYON）：X 射线发射指示灯有 3 个，除了在操作键盘上的 1 个，另两个分别在检查通道的入口和出口处。物体进入通道挡住光障后，X 射线发射，红色指示灯点亮。由于键盘板上的指示灯的信号是电子控制器通过串口发指令给键盘板的，因此会比设备上的射线发射指示灯推迟约 1s 亮起。

注意：电动机正常运行时，如果要改变运转方向，先按下停止键（STOP），再按下需要运动方向的操作键。电动机的换向操作不能过于频繁，电动机每分钟最多起动 14 次，正反转换向每分钟最多 7 次，否则电动机和电动机控制板的寿命会大大缩短。

（3）数字键区。数字键区和图像放大区复合使用按键。在密码输入、菜单项选择等功能时，这些按键作为数字使用，当菜单存在时放大键代表数字 0。而在放大图像选项时，这些按键选择图像分区。

（4）图像控制区。

①放大按键。有菜单存在时放大键代表数字 0，当没有菜单进行图像放大时此键按 1 次放大当前图像 2 倍，放大到 8 倍后自动恢复到不放大的状态。

②图像放大区选择键。扫描图像均分为 9 个区，在放大前按数字键选择所要放大的区域，屏幕右下的缩图中在相应位置画上红色的框，默认情况下选择 1 区放大。在放大倍数大于 2 时，数字键 2、4、6、8 成为图像移动的方向键。

③局部增强按键。通过超级增强功能可在整幅 X 射线图像上获得最佳的对比度。相应于明亮图像区域的低吸收率物体和相对应于灰暗图像区域的物体（隐藏于高吸收率物体之后的物体），可同时在屏幕上显示出来。

④边缘增强按键。通过边缘增强功能可以改变 X 射线图像中各物体的轮廓边缘，使其更加清晰的显示。

⑤有机物按键。按下此键，图像显示剔除有机物，即突出显示无机物图像，有机物以灰度方式显示。

⑥无机物按键。按下此键，图像显示剔除无机物，即突出显示有机物图像，无机物以灰度方式显示。

⑦图像前拉按键。按下此键，可显示前 20 幅图像，并可对回拉图像进行实时图像处理。

⑧图像后拉按键。按下此键，前后回拉，可显示后 20 幅图像，并可对回拉图像进行实时图像处理。

⑨彩色/黑白按键。可通过此键完成显示彩色和黑白图像之间的切换。

⑩反像按键。在反像中，对吸收率高的物体显示为亮色，对吸收率低的物体显示为深色。这样，较小或较细的高密度物体（如金属丝）将变得更加清晰。

⑪图像报警。当系统对穿不透物体进行自动报警时（以红框闪烁或蜂鸣声音等方式报警，可由用户更改菜单设置），按下此键，报警停止，当遇到下个物体没有被穿透时，系统会再次自动报警。

⑫低能按键。按下此键,对易穿透的物质(即对应于明亮的图像区域)的对比度得到提高,从而显示一幅具有降低了穿透力的图像。因而低吸收率物体将变得更加清晰;而高吸收率物体则以黑色显示。

⑬高能按键。按下此键,对难以穿透的物质(即对应于灰暗的图像区域)的对比度得到提高,从而显示一幅具有较高穿透力的图像。这样,可以检查到隐藏于高吸收率物体后面的物品,也可以将高吸收率物品变得更加清晰。

⑭图像恢复按键。在图像以边缘增强、局部增强、不同灰度级、多能量等方式显示时,按下此键,图像显示恢复到原来的状态。

⑮菜单按键。没有菜单弹出的情况下按此键,显示器屏幕上弹出系统主菜单,用户可根据需要来选择菜单;在有任何一个菜单存在时此键转换为选择切换键。

⑯删除按键。在用户输入操作员 ID 或当菜单中输入错误数字是,按此键可删除上一次输入的字符。

⑰确认按键。在对菜单进行选择时,当某一项菜单被选中,按下此键,则执行被选中的菜单命令。

⑱退出按键。当有任何菜单存在时按此键退回到上一层菜单,当没有任何菜单时按此键退出应用程序并关机。

4. 操作程序

1) 开机

(1) 将钥匙插入操作台锁中,顺时针旋转,设备起动。

(2) 设备上的电源接通指示灯点亮。随后,设备首先进行自检测。

(3) 系统自动进入应用程序界面(初始状态登录的是系统默认普通用户,有一定的使用限制),见图 4-5。屏幕下方系统信息提示硬件连接状态。如果硬件连接不成功,则会提示出错。

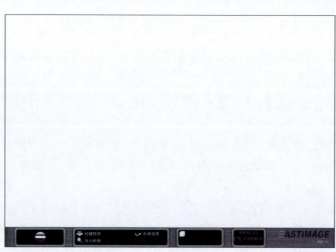

图 4-5 应用程序界面

2) 主菜单

在没有行李包裹扫描时,可以进行菜单操作。按菜单键弹出选择主菜单(见图 4-6),在弹出主菜单后菜单键行使切换键的功能。按确认键选择相应的子菜单。超级用户登录时可以进行所有的菜单选项操作,而受限用户只能选择用户管理、图像定标、图像设定、运行信息和文件管理及其各自子菜单操作。由于系统设置是与硬件系统相关的设置,随意改动会导致设备不能正常工作,严重的会导致系统毁坏,因此,非本生产厂技术人员不得更改!

以下就主菜单中各项内容逐项说明:

(1)用户切换:

登录:选择管理员登录或已有其他普通操作用户 ID 的登录(见图4-7 和图4-8)。

图4-6 主菜单

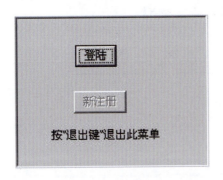

图4-7 用户管理菜单

图4-8 用户登录菜单

新注册:超级用户可以注册新的用户 ID,新 ID 是普通操作用户,有一定的使用限制(见图4-9)。

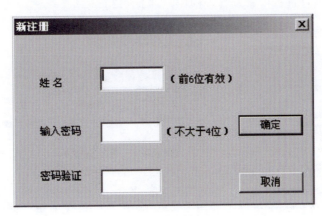

图4-9 注册新用户

(2)图像定标:

数据传输系统在没有 X 射线照射的情况下取零点,在有 X 射线照射的情况下取满度。

⚠ 表示此时有 X 射线发射!禁止打开铅门帘!禁止身体的任何部位进入检查通道!

(3)图像设定:
对检测时的图像显示情况进行设定(见图4-10)。

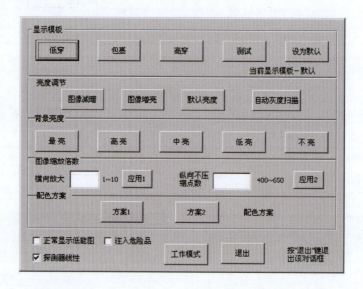

图4-10　图像设定

(4)运行信息:
显示设备运行的基本信息(见图4-11)。
包括:设备编号、软件版本号、射线及系统运行时间及行李计数等。
行李包裹计数清零:选择此按钮后把所统计的计件数量清零,开始重新计数。
(5)文件管理:
对保存的图像文件进行检索及管理操作(见图4-12)。

图4-11　运行信息

图4-12　文件管理

(6)文件检索:
在文件管理窗口点击"文件检索"按钮,系统会弹出文件检索窗口,见图4-13。

图 4-13　文件检索窗口

输入需要查询的日期,用户名栏里输入需要查询的用户 ID(不输入则检索所有用户)。输入完毕按"开始检索"键,显示所检索到的文件信息(见图 4-14)。

图 4-14　文件检索显示信息

例:输入 2005 – 3 – 18 – 10,开始检索,搜索到文件编号:20050318104244_83794249 搜索到的文件信息意义为:

2005 年 3 月 18 日 10h42min44s,用户 ID83794249。

因为使用了精确到秒的时间作为文件存储名,所以确定了每幅图片文件的唯一性。可以通过下拉列表来选择其他文件。

选择确定后,点取"显示检索文件"按钮,则在屏幕上显示文件对应的图片(见图 4-15)。该图片仅作为事后参考所用,所以只能显示为黑白原始图像,不可进行其他图像操作。

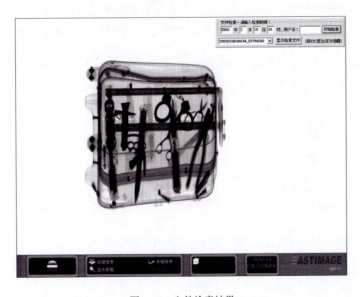

图 4-15　文件检索结果

(7) 文件删除：

在文档删除界面（见图 4-16），删除选定时间段内的存储文档。

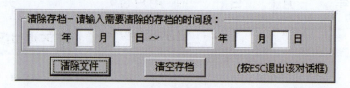

图 4-16　文档删除界面

(8) 自动保存/手动保存：

设置保存图像的方式。

(9) 保存当前图像：

以手动方式保存当前所检测到的图像。

(10) 维护诊断：

当设备维护调试人员进行设备维护时使用此选项（见图 4-17）。此对话框中包含了 X 射线源参数、开关电源参数、光障状态、探测器脉冲个数等各种系统信息。

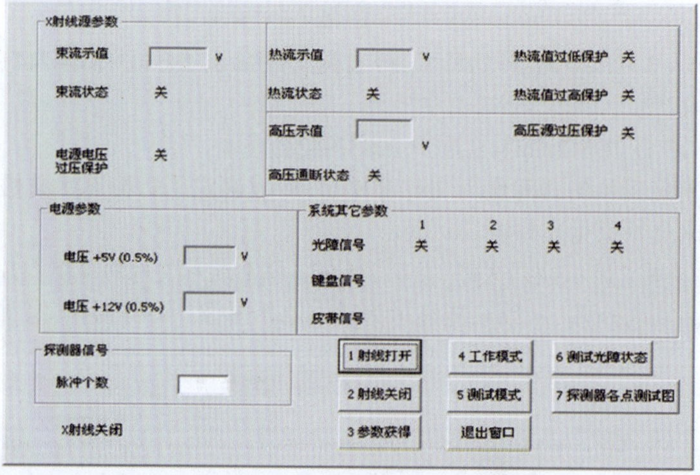

图 4-17　维护信息界面

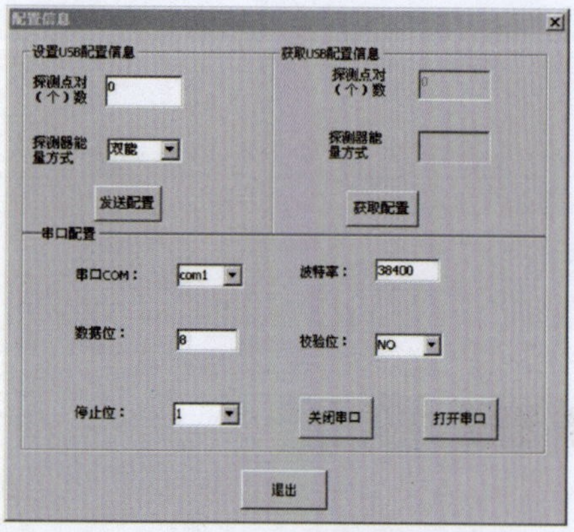

须由专业人员进行此界面操作！

(11) 系统配置：

系统配置界面（见图 4-18）显示设备基本配置信息。通过"获取配置"按钮，可以得到分配板中各配置信息。如果发现有不正确处可以更改，然后点取"发送"按钮，发送更改指令后更改配置。可同时配置系统串口。

此项更改只能由专业技术人员更改，用户随意更改会造成系统工作不正常及图像显示品质问题。

图 4-18　系统配置界面

5.检查

(1)将物品放在传送带上进行检查。

(2)按下后退◀或前进▶键。

(3)物体一旦进入检查通道,首先遮挡住一个光障,从而起动X射线发生器。

(4)在物品通过检查通道时,设备对它进行逐行扫描,而相应的X射线图像则显示在显示器屏幕上,这一过程叫作卷轴。屏幕左下方的图像由绿色的前进箭头代替了红色的停止图标,并且屏幕上出现行李包裹的扫描图像。

(5)可以按照上述方式在传送带上再次放置被检物品。在下一个物体进入通道之前,该物体图像将保留在显示器屏幕上。

(6)下一个物品的图像会取代前面被扫描的物品图像在屏幕上显示出来。因此,辨别一幅X射线图像的时间是有限的。如果需要更长的时间,必须按下停止键■(STOP),以停止传送带运动和图像卷轴。

(7)您可以进行任何图像操作来辨别X射线图像。此时,屏幕下方的当前图像处理操作一栏会提示当前所进行的图像处理操作。

(8)如果未能及时停止传送带,也可以通过图像回拉功能在显示器上恢复已卷过的部分或整幅图像。这样,就不需要再次扫描行李物品。用"图像前拉"和"图像后拉"键选择感兴趣的图像。如要返回到当前图像,按"图像恢复"键即可返回到当前图像。

(9)如果您在被扫描的行李物品中发现可疑物,应该对可疑物品在显示器附近进行开包检查。为便于开包检查,可用图像回拉功能在显示器上移动相应的X射线图像。

(10)进行任何图像操作后都可以按图像恢复键,恢复原始的图像。

6.关机

(1)确保传送带上未遗留任何行李物品。如有必要,将传送带向前或向后运转,直到确认传送带上未留有任何物品为止。

(2)退出系统,关闭显示器。

普通用户点选"退出系统"按钮,才能关闭计算机(见图4-19)。

超级用户点选"退出系统"按钮,则可退出此检测系统程序,回到计算机操作系统,可以进行调试维护等工作(见图4-20)。

图4-19 普通用户退出界面

图4-20 超级用户退出界面

(3)将钥匙开关向左旋转,设备停电关机。将钥匙从钥匙开关的插槽中拔出,将所有钥匙放置在安全的地方。

7.图像判别

EI-10080系统标准配置中包含一台高分辨率的彩色显示器,若用户选购了另一台彩色显示器(为选配件),则黑白图像会作为第二种正常图像显示方式显示在该显示器上。系统有局部增强、边缘增强、回拉功能和放大功能等。

一般而言,不能识别的物体被认为是可疑的,需用人工检查,或采用其他安全检查措施。

系统提供了以下几种帮助操作人员识别图像的有效方法。

(1) 放大功能。第一次按下放大键,显示图像为所选区的 2 倍的放大图像。放大 2 倍的图像还可以通过数字键选择 1~9 个选区,所选区域被加亮。

第二次按放大键可将所选区域内图像放大 4 倍。

第三次按放大键可将 4 倍放大后图像中心区域放大 8 倍。

第四次按放大键可退出放大状态,则显示器恢复为正常的图像显示。

(2) 多能量图像显示。与黑白图像不同的是,除具有 22 种不同亮度之外,图像能以 3 种不同的基本颜色及 32 种色度来显示被扫描行包内的物质组成。

根据物质含有的有效原子量,可将物质的组成分为 3 类,分别用橙色、绿色、蓝色表示。颜色的分配是根据物质对 X 射线的吸收率而实时计算出来。多能量 X 射线图像反映了在标准扫描速度下被检查物体的化学成分。

颜色表示材料种类,颜色的明亮度(强度)表示物质的厚度。

原子结构与所定义的颜色间的关系如下所述:

①有机物颜色——橙色。原子序数小于 11 的化学元素归类为有机物。在这一组中,通常共有的元素为氢、碳、氮和氧。不管化学链如何,只要某物质的主要构成是这一组的任何元素,它就被显示为有机物。

例如:炸药、药物、塑料、纸、布、木材和水。

②混合物颜色——绿色。图像中的绿色表示:a. 化学元素的原子序数为 11~18,如铝和硅;b. 有机物和无机物重叠。若混合物的主要成分为有机物,则图像呈淡绿色;若混合物的主要成分为无机物,则图像呈现蓝绿色。

③无机物颜色——蓝色。原子序数大于 18 的化学元素归类为无机物,如铁、铜、锌、镍、钢等金属,显示为蓝色。密度较小的无机物呈浅蓝色图像,密度较大的无机物呈深蓝色图像。如果行包中放置了不同物品,颜色由吸收了大部分射线的材料来决定。将轻质物品与重质物品放置在一起,颜色会显示为橙色、绿色或蓝色。最终颜色取决于个别物质的厚度。

过厚的或密度过大的物体,由于不能被 X 射线穿透,均显示为红色。红色对操作人员是一个警告信号,例如铅板。

(3) 无机物剔除和有机物剔除。安检人员按下无机物按键,选择无机物剔除,则将被显示物体限制为有机物,即由轻质物质构成的物体。另外,被较薄无机物覆盖的有机物也被显示出来。此时,彩色图像仅以橙色和绿色显示物质,而无机物(即高密度物质)显示成淡灰色。在正常的图像中,无机物显示为蓝色。

用户也可以通过操作台上的有机物按键选择剔除有机物,将被显示的物体限制为高密度的非有机物。该种物质显示为绿色和蓝色,而有机物以灰度方式显示。

(4) 黑白图像显示。扫描行李物品获得的黑白图像可用 22 种不同的、由白到黑的亮度级(灰度级)显示出来。亮度对应于被扫描物体对 X 光的实际吸收特性:

高吸收率的物体显现为深色或黑色。它们是高密度物体或者是较厚的低密度物体。

低吸收率物体显现为明亮的色彩或白色。它们是低密度和较薄的物体。

按照物品吸收 X 射线的多少,常规 X 射线图像显示了黑白变化的层次。因此,金属武器很容易识别。

按下彩色或黑白按键,可进行彩色和黑白图像的转换。

(5)高、低穿透力图像显示。难以穿透的物质(即对应于灰暗的图像区域)的对比度可通过高穿透力功能(HIGH)得到提高,从而显示一幅具有较高穿透力的图像。这样,可以检查到隐藏于高吸收率物体后面的物品,也可以将高吸收率物品变得更加清晰。即使是较厚的轻质有机物(如炸药、毒品)亦将被突出,而低吸收率物体则被滤除。

易穿透的物质(即对应于明亮的图像区域)的对比度可通过低穿透力功能(LOW)得到提高,从而显示一幅具有降低了穿透力的图像。因而低吸收率物体将变得更加清晰。而高吸收率物体则以黑色显示。

(6)反像显示。在反像中,高吸收率物体显示为亮色,低吸收率物体显示为黑色。这样,较小或较细的高密度物体(如金属丝)将变得更加清晰。

(7)边缘增强与超级增强功能。对所显示的图像通过边缘增强功能可以改变 X 射线图像中各物体的轮廓边缘,使其更加清晰、可辨,有助于操作员对物品外形轮廓的判别。

通过超级增强功能可在整幅 X 射线图像上获得最佳的对比度。相对应于明亮图像区域的低吸收率物体(如衣服)和相对应于灰暗图像区域的物体(隐藏于高吸收率物体之后的物体),可同时在屏幕上显示出来。

通过实时电子图像处理,可对每一小块图像区域的对比度自动进行计算,因此可获得一幅具有高分辨率的 X 光图像。从而大大改善了对诸如塑料武器、炸药及毒品等物品的分辨。即使隐藏于金属板之间的低密度物体,也很容易分辨。同时,也获得了高穿透力和高分辨率。

(8)报警功能。对穿不透物体系统会自动报警,此时显示器上图像的穿不透部分显示红框,这样使 X 射线穿不透的物体更加突出。用户可以通过更改菜单设置报警方式为图像中以红框闪烁或蜂鸣声音等方式。

8.特殊功能

专用软件的设计开发使系统更加智能化,便于操作人员使用。自诊断、时间设置和维护程序的使用简单易行。

(1)系统设置。运行软件后,系统显示时间、用户名、传送带运动方向、当前图像处理操作、回拉图像属性等。时间、日期是在厂家预先设置的。只有操作员 ID 号要求的由操作员输入。要输入数据,可按下数字键区的数字键来实现。

(2)系统诊断。为方便维修人员检修故障,我们设计了诊断软件,诊断程序以菜单形式显示。通过主菜单里的系统配置选项调出系统配置界面,并可进行以下测试:

①系统输入功能测试:即键盘和光障测试。

②系统输出功能测试:即指示灯、X 射线和传送带测试。

③X 射线源及控制信号测试。

④探测器信号测试。

⑤电源测试：即对 5V 和 10V 电压进行测试。

(3)包裹计数。新的包裹挡住光障后，显示器上包裹计数会自动加 1。

(4)其他功能。网络接口、操作员密码登录功能、系统和 X 射线发射计时功能等。

第五章 常见危险品识别与处置

第一节 易燃品的识别

1. 什么是易燃品

易燃品包括:易燃固体、自然物品等。

易燃固体是指燃点低,对热、撞击、摩擦敏感,易被外部火源点燃,燃烧迅速,并可能发出有毒烟雾或有毒气体的固体,但不包括已列入爆炸品的物质。自燃物品指自燃点低,在空气中易于发生氧化反应,放出热量,而自行燃烧的物品。遇湿易燃物品是指遇水或受潮时,发生剧烈化学反应,放出大量的易燃气体和热量的物品。有些不需明火,即能燃烧或爆炸。

1)易燃固体

根据燃点的高低,燃烧物质可分为易燃固体和可燃固体,燃点高于300℃的称作可燃固体。农副产品及其制品叫作易燃货物,属于可燃固体。化工原料及其制品属易燃固体,但合成橡胶、合成树脂、合成纤维属可燃固体。

2)易燃固体包括的范围

(1)湿爆炸品:指用充分的水或酒精,或增塑剂抑制爆炸性能的爆炸品。如按质量含水至少10%的苦味酸铵、二硝基苯酚盐、硝化淀粉均属湿爆炸品。

(2)自反应物质:指在常温或高温下由于储存或运输温度太高,或混入杂质能引起激烈的热分解,一旦着火无须掺入空气就可能发生极其危险的反应。特别是在无火焰的分解情况下,某些物质便可能散发毒性蒸气或其他气体的固体。这些物质主要包括脂肪偶氮化合物、芳香族硫代酰肼化合物、亚硝基类化合物和重氮盐类化合物等固体物质。

(3)极易燃烧的固体和通过摩擦可能起火或促进起火的固体。这类物质主要包括湿发火粉末(用充分的水湿透,以抑制其发火性能的钛粉、锆粉等)、铈、铁合金(打火机的火石)、五硫化二磷等硫化物,有机升华的固体(如冰片、萘、樟脑等)、火柴、点火剂等。

凡属低沸点、低燃点(着火点)者,如醚类、酸酯类、醇类、苯、二甲苯、丙酮和在空气中能自燃者,如金属钠、黄磷等,以及氧、氢、烷等气体均属易燃品。

2. 易燃品在通过安检设备时显示的状态

图5-1列出了一些常见危险品在通过安检设备时显示的状态。

在图5-1中A所示的是乙醇,B所示的是乙醚,C所示的是丙酮,D所示的是汽油,E所示的是水。

在图 5-1 中可以很容易地将 a)、b)、c)、d)与 e)区分开来,当在实际检测中如果发现了与 a)、b)、c)、d)类似的瓶装液体则很有可能就是易燃品,这时就需要引起安检人员的注意,如果有必要的话可以做进一步的检查。

图 5-1　常见易燃品检测显示图

3. 易燃品的识别技巧

在易燃品中无论是处于液态还是固态,其必然具有低燃点或低沸点的特性,这就注定了易燃品要密闭保存,旅客携带也不例外,也就是说易燃品在旅客携带时很有可能放在一个密闭的容器中,这样一来对于易燃品的识别便有了可以观察到的方法。

液态的易燃品大多数属于有机物类,有机物在危险品检查仪中应显示为橙色,并且处于液态的易燃品大多用密闭容器如瓶状物(例如饮料瓶,滴流瓶等)盛装,当在检查中,发现此类瓶状物时就要求我们的安检人员提高警惕,注意观察是否是危险品。

那么怎么具体的来识别是饮料还是危险品呢?

我们常喝的矿泉水或饮料大多是无机成分,这样的液体在安检设备中将显示为蓝色、绿色或其混合色,而危险品大多属于有机类则是以橙色为主。再配合经过专业培训的安检人员,便可以较为顺利的查出易燃品。

第二节　易爆品的识别

1. 什么是易爆品

易爆品是指在外界作用下(如受热、撞击等),能发生剧烈的化学反应,瞬时产生大量气体和热量,导致周围压力急剧上升,发生爆炸,从而对周围环境造成破坏的物品。爆炸品按其爆炸危险性的大小分类:

(1)具有整体爆炸危险的物质和物品。整体爆炸,是指瞬间影响到几乎全部装入量的爆炸。如:爆破用的电雷管、非电雷管、弹药用雷管,二硝基重氮酚、迭氮铅、汞等起爆药,梯恩梯、黑索金、奥克托金、泰安、苦味酸、硝铵炸药、浆状火药、无烟火红、硝化棉、硝化淀粉、硝化甘油、黑火药及其制品均属此项。

(2)具有抛射危险,但无整体爆炸危险的物质和物品。如带有炸药或抛射药的火箭、火箭弹头,装有炸药的炸弹、弹丸、穿甲弹,非水活化的带有或不带有爆炸管、抛射药或发射药的照明弹、燃烧弹、催泪弹、毒气弹,以及摄影闪光弹、闪光粉、地面或空中照明弹、不带雷管的民用炸药、民用火箭等均属此项。

(3)具有着火危险和较小爆炸或较小抛射危险或两者兼有,但无整体爆炸危险的物质和物品。如：速燃导火索、点火管、点火引信、二硝基苯、苦味酸钠、苦味酸锆、含乙醇≥25%或增塑剂≥18%的硝化纤维素、油井药包、礼花弹均属此项。

（4）无重大危险的爆炸物质和物品。该项爆炸物品的危险性较小，万一被点燃或引爆，其危险作用大部分局限在包装件内部，而对包装件外部无重大危险。如：导火索、手持信号弹、响墩、爆炸铆钉、火炬信号、烟花爆竹、鞭炮等均属此项。

（5）非常不敏感的爆炸物质。该项爆炸品性质比较稳定，在燃烧试验中不会爆炸。如铵油炸药、铵沥蜡炸药等。

2. 易爆品在通过安检设备时显示的状态

图 5-2、图 5-3 列出了一些常见具有爆炸性物品的检测图与实物图。

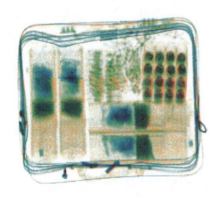

图 5-2　烟花爆竹

3. 易爆品的识别技巧

对于易爆品来说，其应具有如下的特性：

（1）在常温常压下是气态的物质，装在经低温高压压缩的气瓶中，呈现出固态或液态。当暴露在常温常压下时能够迅速地膨胀成为气体的物品。

（2）当遇到明火的时候能够燃烧，在燃烧时能够产生大量的气体，将其原有的状态，迅猛的变化为另一种状态并有可能夹杂有金属或其他固态物质向外射出的一种物品。

当这类物品在经过安检设备时会有它的特点存在。

大量的压缩气体，由于其压力很大要将它压缩进钢瓶

图 5-3　烟花爆竹实物图

中，当这类物品经过时会在安检设备的显示器中显像出来钢瓶的形状，如果钢体达到一定的厚度，用安检设备的报警功能是能够看到红色报警提示的，通过外形与报警提示这两点就能够很有效的区分压缩气体这种危险品了。

而易爆品对于汽车客运站来说，常见的也就是鞭炮，对于鞭炮的识别，见图 5-1 和图 5-2 列出了一些常见的鞭炮在经过安检设备时的状态，在使用具有较高分辨率安检设备（如地泰的 DEX-9080B 型）的情况下，就能够很好的区分出来装有炸药的这类物品。

第三节 毒品的识别

一、什么是毒品

人们知道,早在新石器时代,就在小亚细亚及地中海东部山区发现了野生罂粟,青铜时代后期(约公元前1500年)传入埃及,公元初传入印度,在第6、7世纪传入中国。很早时候开始,人们就把罂粟视为一种治疗疾病的药品,有意识地进行少量的种植与生产。但是在作为一种药品,在具有一定的麻醉医疗使用价值的同时,部分使用者往往对其产生严重依赖性。

世界卫生组织把毒品定义为"某种化学药物,通过吸食或注射途径进入体内后,用药者会不断增大用药量,一旦停药,则出现某种症状,长期使用将危及用药者健康,这种药物即毒品"。我国刑法明确规定:本法所称的毒品,是指鸦片、海洛因,甲基苯丙胺(冰毒)、吗啡、大麻、可卡因以及国家规定管制的其他能够使人形成瘾癖的麻醉品和精神药品。

二、常见毒品的特性

1. 吗啡类麻醉药品

1)罂粟、鸦片、"白粉"和杜冷丁

罂粟是罂粟科植物,割破其未熟蒴果,即渗出乳状汁液,经日光照射干燥后所形成的黑褐色膏状物就是鸦片(Opium)。罂粟是一种严禁非法种植的植物。

中国本来没有鸦片,《本草纲目》中记有:"鸦片前代罕见,近方有之者"。但很早以前古希腊等地已把罂粟作为观赏花卉栽培。公元前1世纪,土耳其医生开始用鸦片作为镇痛剂。

鸦片中虽然已知含有25种左右生物碱,但其中除吗啡碱含量为2%～23%,那可汀(Narcotine)为2%～9%外,其他生物碱含量均小于0.5%,故鸦片的毒性主要来自吗啡。1805年前后,Serturner.A首先从鸦片中提取出吗啡粗结晶,1817年又得到精制品,并成为化学史上最早被纯化的生物碱。1847年确定了分子式,但到1952年才由Gate.M通过全合成,肯定了1925年由RobinsonG.R所拟定的结构式。

不含结晶水的吗啡为斜方晶系白色针状或柱状结晶,熔点254℃(分解)。能与无机、有机酸生成盐,供药用的是其盐酸盐,与强碱作用时生成可溶于水的酚盐。

吗啡用乙酰化剂处理时生成二乙酰基吗啡,并称为海洛因(Heroine),它的盐酸盐为白色针状或结晶性粉末,熔点230℃,是称为"白粉"或"白面"的主要成分。

人们发现吗啡类药物的镇痛作用,在于它分子中含有γ-苯基-N-甲基哌啶基,即所谓镇痛活性基团。并据此先后合成了结构更简单,且与吗啡作用类似的合成镇痛剂。其中如杜冷丁(Dolantin);美散痛(Methadone)以及芬他尼(Fontanyl)等。它们虽然也和吗啡一样,用于术后疼痛及麻醉前强化麻醉的药物,但仍属于禁止滥用的成瘾性(麻痹性)镇痛药。

2)毒性

吗啡急性中毒者,开始为兴奋期,这时表现为眩晕、心悸亢进和性感增盛,随后则出现熟睡、失神、呼吸缓慢与不规则血压下降、瞳孔缩小,直至最后体温下降,停止呼吸。

连续使用吗啡时,即产生耐药性和成瘾性,故其中毒量有很大个体差异,一般成人致死量为0.3g,但也有人摄入5g以上也不会致死。

海洛因的镇痛及麻醉作用均较吗啡强,但毒性也大5~10倍,且极易成瘾,故不能用于临床。海洛因中毒量一般为0.005g,这时可出现头痛、呕吐等症状,0.6g可致死,但也有个体差异。

当吗啡毒瘾者停药后,表现出十分痛苦的戒断症状,轻者有倦怠、嗜睡、焦虑、抑郁、显著苦闷感、癔症样发作等。重时可产生昏厥、意识障碍、兴奋骚动、精神错乱等症。在躯体方面有流泪、流涎、出汗、战栗、恶心等,严重时可出现癫痫发作,循环虚脱或心力衰竭。

杜冷丁盐酸盐具有类似吗啡样镇痛作用,但药效只有它的1/10~1/8;而芬他尼柠檬酸盐的镇痛效力却是吗啡的80倍;美散痛的效力却与吗啡相当,但其镇静作用及陶醉感较吗啡弱,且吸收好、排泄慢,故常作为吗啡毒瘾者的戒毒药,通过用量递减来实现戒毒。长期滥用这类药物同样会产生耐药性和药物依赖性,停药时也会出现戒断症状。

2. 可卡因

1)古柯叶与可卡因

可卡因(Cocaine)亦称古柯碱,它的盐酸盐虽然是一种最早用于五官科手术的局部麻醉剂,但因其毒性现已很少使用。

古柯亦音译成高根(Caca),是种植在南美及东南亚一带的一种灌木。其叶中含有0.6%~2.5%的生物碱,总称古柯生物碱,而可卡因的含量在其中占50%~70%。早在18世纪,当地居民就将古柯叶混以少量消石灰或草灰咀嚼,来暂时解除饥饿和疲劳,后传入欧洲作为刺激品和兴奋剂。

可卡因是左旋芽子碱(Ecgonine)的甲酯与苯甲酸酯,熔点98℃,但超过90℃时即渐挥发,微溶于冷水、易溶于多种有机溶剂。

2)毒性

摄入可卡因5mg时即可引起中毒,一次极量可达50mg,致死量也有个体差异,一般为0.5g~1g。

可卡因中毒时,轻者表现为中枢神经兴奋,尤其是刺激大脑皮层而产生的兴奋,如多语、幻视、幻听及昏迷,摄入量多时,即呈现痉挛、皮肤瘙痒或针刺样痛,类似小动物在皮肤上爬行,有时病人不惜用刀切开皮肤,取出幻觉中的小虫,甚至产生自杀念头。这种症状称为"可卡因精神病"。大量摄入后,可不仅有中枢神经兴奋态,而会因呼吸急促、循环功能麻痹而死亡。

3. 冰毒、摇头丸

1)麻黄、麻黄素、冰毒、摇头丸

麻黄是我国特产而著称于世的中药,4000余年前已用作发汗和兴奋止咳药。1887年日本人长井长义氏,首先从我国产麻黄中提纯制出其主要有效成分称为麻黄碱或麻黄素。我国药理学家陈克恢研究了它的药理作用和疗效,用于哮喘的治疗。

人们发现用碘化氢及黄磷处理麻黄素时生成的脱氧麻黄素,即甲基苯丙胺(Methamphetamine)对中枢神经的兴奋作用远大于麻黄素。

1933年美国人ArensG. A又发现,当脱氧麻黄素再失去N-甲基后生成的苯基氨基丙烷,亦音译成安非他明(Amphetamine)同样有兴奋神经作用,还报道了他本人用后的兴奋状态和欣快陶醉感。于是在1935年于美国和1941年于日本开始把它们作为抗疲劳剂出售,并被日本军国主义用在高强度作业的工人、夜战士兵和"敢死队员"的身上。

甲基苯丙胺常用的是右旋体盐酸盐,它是一种无色片状结晶,熔点170℃~175℃,故俗称"冰毒"。它易溶于水、乙醇,不溶于乙醚,游离碱有氨臭。

4-亚甲二氧基甲基苯丙胺,俗称摇头丸,是安非他明的另一种衍生物。早在80多年前已经被合成,并认为是一种毒性很小的兴奋剂而用于通宵舞会或狂欢舞会上。直到最近几年才有报道一些服用者产生急性中毒和死亡的病例。

2)毒性

冰毒、安非他明、摇头丸等均为法定禁止滥用的兴奋剂,其中以冰毒对中枢神经的兴奋作用最强。健康成人摄入1mg~5mg冰毒时可以暂时消除睡意和疲劳,并能提高工作效率,然而由于失去对疲劳的自然警告,而陷入过度劳累状态,这时会出现食欲减退、血压升高、气管扩张等症状。

用药量达20mg时即出现急性中毒,表现为不眠、不安宁、呕吐、头痛、发汗、眩晕、口渴、腹泻、心悸亢进等症状。重症时呈注意力涣散、虚脱以至昏睡。连续用药在产生耐药性的同时出现慢性中毒症状,并把它称为"苯丙胺中毒性精神病"。初期有多语,对神精刺激过敏、急躁、抑郁循环性病态,继之,在幻听、幻视的错乱状态下,呈现被杀、被跟踪、嫉妒等多种妄想症。进而会发生突然杀人、纵火、强奸等多种犯罪行为。

MDMA这类药物在促进摄入人的情感增盛的同时,诱发产生5-羟色胺(5-HT)综合症,使末梢神经受损。尤其处在情感增盛的人群和高温、高噪声、易脱水的环境中更加强了它的毒性,使人摇头不止、行为失控,最后导致免疫力下降、肝肾功能衰竭,以至死亡。

4. 大麻

1)大麻与麻烟

大麻(Cannabissativa)俗称火麻,桑科植物,是一年生雌雄异株草本。高约3m,叶有对生长柄,我国古代就有种植,但主要用其韧皮纤维制麻布、绳索及纸张,种子榨油制油漆,火麻仁入药。大麻雌株能分泌出具有致幻作用的树脂,尤其是印度大麻,由于气候条件,树脂含量多,致幻作用也强。

大麻的雌花株梢称为麻。花期将花穗连同小叶一起摘下,晒干后做成称为"麻烟"的嗜好品直接或与烟草混合吸食。我国云贵山区及新疆沿丝绸之路一带,过去就有吸麻烟解乏的习惯。

从麻中得到的油树脂(8%~20%)干涸后的膏状物常称大麻(Hashish)。但大麻是一种仅次于鸦片的麻醉剂,我国汉末医学家华佗在行腹部手术时使用的称为麻沸散的麻醉药中据说就含有大麻,此外它还可用于止痛、解痉和松弛肌肉上。然而近年来由于大量被世界各地一些青少年所滥用,而带来了严重的社会问题,我国刑法明确规定,大麻是一种非法种植的植物。

大麻的油树脂中能分离出多种称为大麻酚类和大麻酚酸的化合物。但其中主要致幻物质是四氢大麻酚(THC),以后还证明了大麻酚的四氢衍生物都有兴奋神经作用。

2) 毒性

大麻中毒时主要呈现类似二乙麦角酰胺(Lysergide;LSD)、仙人球毒碱或称麦斯卡林(Mescaline)样神经异常,即出现妄想、幻觉,"幸福感"、"陶醉感",在睡意加强的同时,又会丧失时、空感觉,在伴随幻听、幻视的出现,还会有心律加速、血压升高、口渴等症,如再继续吸食,则陷入眩晕、虚脱状态。

由于大麻品种和制品的差异,其中 THC 含量也很不同,一般内服 THC 纯品 0.12mg/kg 或吸食 0.05mg/kg 时即可以现幻觉。大麻的致死量有很大个体差异,对大鼠而言,其 THC 致死中毒量(LD50)为 175mg/kg。

3) 常见毒品实物图

毒品是正常人很难遇见的,为方便行包安检人员在工作中查堵这些毒品,提供这些常见毒品实物照片,见图 5-4~图 5-9。

图 5-4 冰毒

图 5-5 鸦片

图 5-6 罂粟　　　　　图 5-7 可卡因

图5-8　摇头丸

图5-9　麻黄草

4）国际上常见毒品的识别方法

由于毒品多为有机物，在安检过程中，其常常被认为是面粉类物质，所以要想用常规的方法来识别出毒品有一定的困难，那么在国际上大多数都采用什么方法来识别毒品呢？

就现在的科技水平，在识别毒品上常用的方法有两种：一种是使用动物来帮助人类识别毒品，一种是使用专门的毒品探测仪来识别毒品。

第一种方法是现在较为常用的方法，在识别率上还是比较高的，常借助狗灵敏的嗅觉来帮助人类识别出隐藏在包裹中的毒品。

第二种方法是使用仪器来识别毒品，这种方法就现在来说也不是不可行的，但是存在着诸多的缺点。首先来说这种仪器对毒品的识别率较低，误报率较高。其次在价格方面也不是很适合汽车客运站来使用。举例来说，有一种美国制造的手持式炸药、毒品探测器，其价格要在160万元左右，并且其识别率也不是很高，这种价格在一般的汽车客运站是不容易接受的。

所以说汽车客运站在没有配备专用的毒品检测设备的条件下，想要能够识别出毒品就只有开包检查这一项工作可以做了。如果要进行开包检查的话，检查人员只能根据毒品的特性和毒品实物图片来识别毒品。

第四节　枪械、管制刀具的识别

1. 枪械

所谓枪械一般是指利用火药燃烧气体能量（或其他能量）发射弹头的一种管式武器，其口径一般在20mm以下，有大、中、小和微型口径之分。12mm以上称为大口径，6～12mm为中口径，5～6mm为小口径，5mm以下为微型口径。枪械口径就是枪管内膛的直径。对线膛枪而言，它是指阳线表面间的直径，也有人将它定义为"弹头的直径"。枪膛内导转弹头的螺旋形凹凸结构称为膛线。凸出来的称为阳线，凹进去的称为阴线。枪射击时，弹丸在火药燃气压力作用下，除获得高速的直线运动速度外，还通过膛线获得自转角速度，使它具有足够的飞行稳定性。膛线的条数一般为3～12条。膛线按截面形状分为矩形膛线、梯形膛线、弓形膛线、圆弧形膛线、多弧形膛线、多边弧形膛线等。膛线按缠角(膛线上任意一点的切线与枪管轴线平行线的夹角)分为等齐膛线和渐速膛线。膛线按旋转方向可分为左旋膛线和右旋膛线(一般枪械采用右旋膛线)。膛线一般用拉削、冷挤压、电解加工、精密锻造等方法制成

2. 管制刀具

管制刀具,是指匕首、三棱刀、弹簧刀(跳刀)及其他相类似的单刃、双刃、三棱尖刀。根据公安部《对部分刀具实行管制的暂行规定》第 2 条至第 7 条的规定,管制刀具的佩带范围和生产、购销均有法定手续:

(1)匕首,除人民解放军和人民警察作为武器、警械配备以外,专业狩猎人员和地质、勘探等野外作业人员必须持有的,须由县以上主管单位出具证明,经县以上公安机关批准,发给《匕首佩带证》,方准持有佩带;三棱刮刀仅限机械加工人员使用,不得带出工作场所。

(2)制造管制刀具的工厂、作坊,须经县以上主管部门审查同意和所在地县、市公安局批准,发给《特种刀具生产许可证》,方准生产;管制刀具样品及其说明(名称、规格、型号、用途、数量)须送所在地县、市公安局备案。

(3)经销上述管制刀具的商店,必须经县、市以上主管部门审查同意和所在地县、市公安局批准。购销要建立登记制度,备公安局检查。

(4)购买管制刀具的单位和个人,向所在地县、市公安局(公安分局)申请《特种刀具购买证》,凭证购买;军队和警察,由县、团以上单位凭上一级主管部门批准的函件,向指定单位定购;三棱刮刀,凭单位介绍信向批准经销的商店购买。

(5)少数民族使用的藏刀、腰刀、靴刀等,只准在民族自治地方销售。

(6)枪械、管制刀具在通过安检设备时显示的状态。图 5-10 给出了枪械通过安检设备时的显示状态。

管制刀具类在安检设备中极易识别就不举例子了。

(7)枪械、管制刀具的识别技巧。对于枪械与管制刀具的识别来说是比较容易的,由于其属于无机物质,在 X 射线能够照透的情况下将显示出无机物的特性。

无论其是否能照透,都将在安检设备的显示器上留下具有足以让安检人员识别的外形特征。

图 5-10 枪在安检设备中显示的图像

第五节 常见危险品的图像识别

一、常见危险品分类

在公路运输、铁路运输、航空运输和航海运输中,一些人会有意无意地携带危险品乘坐交通工具,对其他旅客生命财产构成了严重的威胁。在各类交通运输事故中,由危险品引发的事故造成的后果大都极为严重,表 5-1 列出了部分常见危险品。

常见危险品列表　　　　　　　　　　　表 5-1

危险品类别	危险品举例
易燃品	汽油、酒精、发胶、油漆、丙酮、香蕉水…
易爆品	炸药、雷管、烟花、爆竹、摔炮、筒装乙烷气体…
毒品	海洛因、吗啡、摇头丸…
枪械、管制刀具	枪支、匕首、弹簧刀…

表 5-1 所列的仅仅是危险品中的一小部分,在大千世界中有成千上万种危险品。所有的危险品都有其独特的物质属性,我们将通过大量的实验来获取、分析这些特性,按照危险品分类方法建立危险品数据库,在这个数据库中可储存大部分常见危险品的特征数据,用这些数据特征与检测到的图像进行比较、分析,并充分利用这些特性来为安全检查工作服务。

我们知道,所有单一物质的原子序数是不相同的,X 射线照射单元素组成的纯净物时,由于物质的原子序数不同,物质吸收和反射的 X 射线能量也不相同,因此,其成像的灰度就不相同。灰度图是物质所成图像的原始信息载体,我们所做的图像处理工作就是围绕这些信息进行的。例如,对一个包裹的灰度图像进行灰度变换后可以突出细节部分,用一种特殊的数学方法对灰度图像进行合成,根据图像的灰度区间对图像进行伪彩色处理,从而分辨无机物和有机物,这样就可以将枪支、弹药、酒精和汽油等物品从被检测物品中检测出来。

二、危险品识别简明定义

危险品是指具有爆炸、易燃、毒害、腐蚀、放射性等性质,在运输、装卸和储存保管过程中,易造成人身伤亡和财产损毁而需要特别防护的物品。其特征是:一是具有爆炸、易燃、毒害、腐蚀、放射性等性质;二是在运输装卸和储存保管过程中易造成人员伤亡和财产损毁;三是需要特别防护。一般认为,只要同时满足了以上三个特征,即为危险品。如果此类危险品为化学品,那么它就是危险化学品。

我国新颁布的《危险物化学品安全管理条例》第三条规定,所谓危险化学品"包括爆炸品、压缩气体和液化气体、易燃液体、易燃固体、自然物品和遇湿易燃物品、氧化剂和有机过氧化物、毒害品和腐蚀品等。"放射性物品、民用爆炸物品、兵器工业的火药、炸药、弹药和核能物质同样是危险品,但由于这些物品性能更加危险,对社会危害更大,技术要求更强,国家有专门的法律、法规和技术规范,所以,我们平时所说的危险品并不包括这些物品,只是指上面所说的七大类危险品。在这七大类危险品当中,绝大部分都存在着火、爆炸、氧化等危险特性,火灾危险性很大,故不可放松对它们的消防管理。

三、区分有机物、无机物和混合物

密度大的危险品,例如枪支和匕首通过单能量 X 射线检查系统或其他的磁性探测器能很容易被识别出。可塑炸药中含有大量原子序数较低的有机元素,例如氢、碳、氮、氧,用单能量 X 射线检查系统很难识别出,因为它可被制成各种形状并藏于其他中、低密度的物体里。而双能量 X 射线扫描系统能测量被扫描物体的平均原子数,仅而将物质分成三类即有机物、无机物和混合物。

四、双能量 X 射线检测危险品方法

如果采用一个射线源,并用一个探测器在一个方向接收全部的透射 X 射线能量,那么只能得到一个不同灰度级别的图像。图像的灰度取决于每种材料的密度和在射线方向的厚度,危险品及违禁品的识别主要依赖在图像中反映出的物体形状。这样的图像技术有两个缺点:首先例如很厚的有机玻璃板和很薄的铝板由于对 X 射线有同样的衰减效果,将出现同样灰度的图像,不能被区分开;其次被密度大且厚度也大的物体遮挡的密度小的物体,由于其对 X 射线的衰减作用与遮挡物相比很微弱,将不能被发现。

如果采用两个射线源,在互相垂直的方向用两个探测器(双视角)接收穿过行李包裹的射线,将会分别得到两个从 X 射线源到探测器方向整个行李包裹的投影图像,这样可以克服单射线源的后一个缺点,但仍不能克服前一个缺点。

以上两种成像技术均不能根据原子序数差别分辨出被检物体的材料组成。目前国际上比较先进的 X 射线安检设备普遍采用双能量技术,双能量技术原则上应有两个能量的 X 射线束同时被两个探测器接收,可以得到两个图像。该技术实现的方法有如下几种:

(1)采用两个 X 射线源(一个高压、一个低压),两个探测器;
(2)采用一个 X 射线源(高、低压交替),两个探测器(或一个探测器);
(3)采用一个 X 射线源,对 X 射线谱进行高能、低能滤波,两个探测器(或一个探测器)接收高能、低能两个图像;
(4)采用一个 X 射线源和一个层叠探测器,接收高能、低能两个图像。

下面对最后一个技术进行说明,此时 X 射线发生器仍发出一个能量连续分布的扇形射线束,采用的层叠探测器结构示意图见图 5-11。

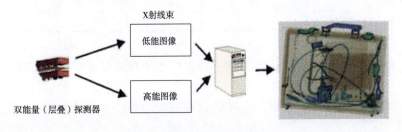

图 5-11　层叠探测器结构示意图

该探测器为双层层叠结构,下层为对低能 X 射线敏感的探测器阵列,中间为能滤掉低能 X 射线谱的材料制成的滤波片,上层探测器为对高能 X 射线敏感的探测器阵列,接收高能量的 X 射线。两个探测器分别输出两个图像信号,经过图像处理得到能够分辨物体材料组成的彩色图像,见图 5-12。

五、有机物、无机物和混合物的表示

通过实验与数学分析,在 DEX9080B 型危险品检查仪中,将有机物、无机物和混合物

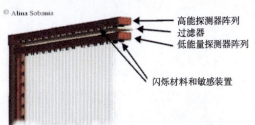

图 5-12　能分辨物体材料组成的彩色图像

用如下的颜色区分出来,通过不同的颜色便可以得知所检测的物品是属于哪一类的物品。

1）橙色——有机物

有效原子序数小于10的物体定义为有机物，通常公认的元素为氢、碳、氧、氮。物体主要成分由这几种元素组成，被视为有机物。

如：衣物、食品、书籍、塑料制品、木材、毒品、酒精、汽油……

2）绿色——混合物

有效原子序数大于10、小于18的物体定义为混合物，通常公认的元素为铝、硅。物体主要成分由这几种元素组成，就被视为混合物。有机物和无机物形成的混合物也显示为绿色，如混合物以有机物为主显示为淡绿色，如以无机物为主显示为蓝绿色。

如：玻璃、陶瓷、铝合金、电路板、炸药、礼花、皮革……

3）蓝色——无机物

有效原子序数大于18的物体定义为无机物，通常公认的元素为铁、铜、锌、钾、钙、锰。物体主要成分由这几种元素组成，就被视为无机物。密度较小的物体显示为浅蓝色，密度较大的物体显示为深蓝色。

如：金属工具、匕首、枪支、衣物拉链……

用原子序数区分常见物质，生活中常见物质的有效原子序数见表5-2。

表5-2 一些常见物质的有效原子序数

物 质 名 称	原子序数	物 质 名 称	原子序数
骨	14	软 组 织	7.4
石膏	14.2	盐	15
铜	29	玻璃（二氧化硅+0~1%铅）	13.8
糖水混合物	7.5	有机玻璃（聚甲基丙烯酸甲酯）	6.6
铝	13	铁	26
钛	20	碳化硅	10

X射线技术能提供物质的特征值决不仅仅只有有效原子序数和密度。还有其他的特征值，例如散射谱，也可用来决定物质的类型。然而只选择有效原子序数和密度，是因为用X射线方法最容易确定这两个特征值。将这两个参数结合起来可以准确地确定大多数的物质类型。到目前为止没有一项技术可以完美的识别物质的类型。总的来说，一项技术可以准确的识别大多数的物质类型，它就是可以接受的。因此使用有效原子序数和密度信息来识别物质类型的方法被认为是一个很好的方法。

六、物体摆放方向对危险品识别的影响

物质随机的被摆放在行李包裹中。因此当包裹通过X射线仪器被检查的时候，物质在视图中的位置是不确定的，这意味着一个特定的物体可能有不同的透射信号强度。

在显示器视图中，除了物质的外观是随机的之外，物体的摆放方向（见图5-13）也可能影响X透射线信号的强度。在这种情况下，X射线能穿透的厚度可表

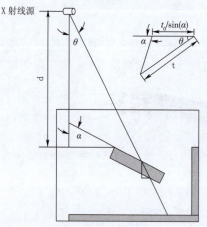

图5-13 物体摆放方向的图示

示为：

$$t = \frac{t_0 \sin(180-\alpha)}{[\sin(\alpha-\theta)\sin\alpha]} \tag{5-1}$$

式中：α——物体相对于X射检查设备传运带倾斜角度的一个测量值；

　　　t——物体实际长度；

　　　t_0——物体在监视器上的图像长度。

其他的参数与方程

$$t = t_0 \sec\theta \tag{5-2}$$

中的含义相同。方程(5-1)是方程(5-2)中的 $\alpha=90°$ 时的一个特例。

为方便检查人员在X射检查设备监视器上辨别危险品图像，现就不同的倾斜角度 α 下的图像举例说明。图5-14～图5-21为危险品在行包中不同放置角度时的图像显示。

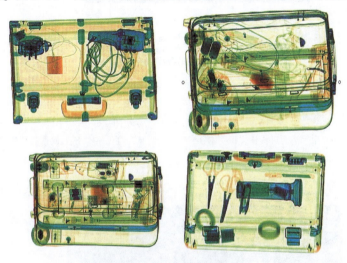

图5-14　剪刀、电吹风器在 $\alpha=90°$ 角平放通过检查设备监视时的识别图

图5-15　圆盘鞭炮在不同 α 角度时的识别图

a) 圆盘鞭炮在行李箱内 $\alpha=90°$ 角平放通过传输带识别图；b) 圆盘鞭炮在行李箱内 $\alpha=90°$ 角立放通过传输带识别图；
c) 圆盘鞭炮在行李箱内 $\alpha>90°$ 角平放通过传输带识别图

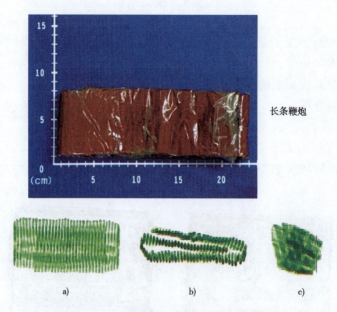

图 5-16　长条鞭炮在不同 α 角度时的识别图

a)鞭炮在行李箱内 α=90°角平放通过传输带识别图；b)鞭炮在行李箱内 α=90°角立放通过传输带识别图；c)鞭炮在行李箱内 α>90°角立放通过传输带识别图

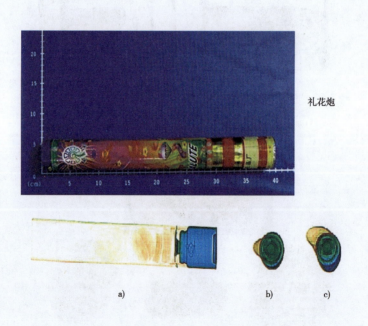

图 5-17　礼花炮在不同 α 角度时的识别图

a)礼花炮在行李箱内 α=90°角平放通过传输带识别图；b)礼花炮在行李箱内 α<90°角立放通过传输带识别图；c)礼花炮在行李箱内 α>90°角立放通过传输带识别图

第五章 常见危险品识别与处置

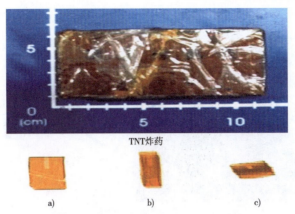

图 5-18 TNT 炸药在不同 α 角度时的识别图

a) TNT 炸药在行李箱内 $\alpha = 90°$ 角平放通过传输带识别图;b) TNT 炸药在行李箱内 $\alpha = 90°$ 角立放通过传输带识别图;c) TNT 炸药在行李箱内 $\alpha < 90°$ 角立放通过传输带识别图

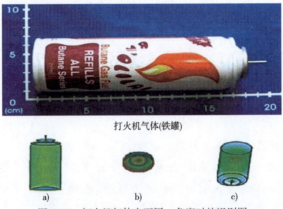

图 5-19 打火机气体在不同 α 角度时的识别图

a) 打火机气体在行李箱内 $\alpha = 90°$ 角平放通过传输带识别图;b) 打火机气体在行李箱内 $\alpha = 90°$ 角立放通过传输带识别图;c) 打火机气体在行李箱内 $\alpha < 90°$ 角立放通过传输带识别图

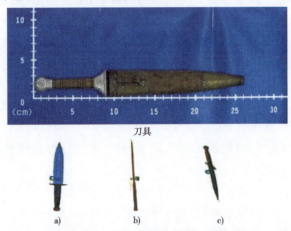

图 5-20 刀具在不同 α 角度时的识别图

a) 刀具在行李箱内 $\alpha = 90°$ 角平放通过传输带识别图;b) 刀具在行李箱内 $\alpha = 90°$ 角立放通过传输带识别图;c) 刀具在行李箱内 $\alpha < 90°$ 角平放通过传输带识别图

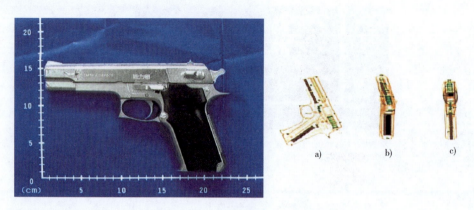

图 5-21 仿真枪在不同 α 角度时的识别图

a)仿真手枪在行李箱内 α=90°角平放通过传输带识别图;b)仿真手枪在行李箱内 α=90°角立放通过传输带识别图;c)仿真手枪在行李箱内 α<90°角立放通过传输带识别图

第六节 常见危险品的处置方法

一、氯气

特性:黄绿色有刺激臭味气体。

危害:刺激眼及上呼吸道,严重时引起化学性肺炎与肺水肿、皮肤灼伤。一般易燃性气体或蒸气都能与其形成火灾或爆炸(如松节油、乙醚、氨气、烃类、氢气、金属粉末)等。呼入极高浓度的氯气,可引起迷走神经反射性心跳停或喉头痉挛而发生"电击样"死亡。

处置方法:人员迅速撤离泄漏区至上风向,并隔离直至气体散尽,切断气源,合理通风,加速扩散;用喷雾状水稀释、溶解;构建围堤或挖坑收容产生的大量废水,如有可能,用管道将泄漏物导致还原剂(酸式硫酸钠或酸式碳酸氢钠)溶液,也可以将漏气浸入石灰乳液中;各种防毒面具均能有效防护,进入高浓度区,必须全身防护,采用隔绝式面具。

二、氨气

特性:无色有刺激性恶臭气体。

危害:极易于液化、易燃,接触氨可引起严重灼伤;水溶液有腐蚀性;高浓度氨可引起反射性呼吸停止。

处置方法:人员迅速撤离泄漏污染区至上风向,并隔离直至气体散尽,防止皮肤接触;切断电源,建议应急处理人员佩戴自给正压式呼吸器,穿防静电工作服;高浓度泄漏区用喷洒含盐酸的雾状水中和稀释、溶解;构筑围堤或挖坑收容产生的大量废水,如有可能,将残余气或泄漏气用排风机送至水洗塔或与塔相连的通风设备内,储罐区最好设稀酸喷洒设施;漏气容器要妥善处置,修复、检验后再用。

三、苯系毒物

特性:易燃有刺激性和毒性;蒸气与空气形成爆炸性混合物,遇热或明火易着火、爆炸;蒸气比空气重,能与氧化物发生强烈反应。

危害:腐蚀性较强;对人体有严重损害,重症者可昏迷、抽搐、呼吸及循环衰竭;为致癌物。

处置方法:迅速撤离泄漏污染区人员至安全区,并进行隔离,严格限制出入,切断火源;建议应急处理人员佩戴自给正压式呼吸器,穿防毒工作服;尽可能切断泄漏源,用雾状水扑灭小面积火灾,保持容器冷却;用活性炭或其他惰性材料或沙土吸收,也可用不燃性分散剂乳液刷洗,经稀释后放入废水处理系统;如大量泄漏,立即建围堤收容,然后收集、转移、无害化处理。

四、有机磷农药

特性:常温下较稳定;受热或在碱性条件下易分解,释放出毒性气体;遇明火、高热可燃。

危害:剧毒;通过呼吸道、皮肤及消化道进入人体引起中毒。

处置方法:迅速撤离泄漏污染区人员至安全区,并进行隔离,严格限制出入,切断电源;建议应急处理人员佩戴自给正压式呼吸器,穿防毒工作服;不要直接接触泄漏物,尽可能切断泄漏源,防止进入下水道、排洪沟等限制性空间;环境中小范围污染,可用3%~5%氢氧化钠溶液、碳酸钙或漂白粉和大量洗涤水冲洗;经稀释过的污水排入废水系统,阻止药液流向水源;被污染的工具和包装材料须及时用熟石灰或碱水消毒处理,无用的要集中焚烧,禁止使用酸碱灭火剂。

五、氢氟酸

特性:氢氟酸是氟化氢气体的水溶液,为无色透明至淡黄色冒烟液体;与大多数金属反应,生成氢气引起爆炸。

危害:对皮肤和黏膜有极强的刺激和腐蚀作用。

处置方法:喷雾状水,减少蒸发。用沙土、干燥石灰混合,收集运至废物处理场所。溶于水后用碳酸钠中和,然后用氯化钙沉淀。也可用大量水冲洗,经稀释的冲洗水排入废水系统。

六、硝酸

特性:加热时分解,产生有毒烟雾,强氧化剂;与可燃物和还原性物质发生激烈反应,爆炸,强酸性;腐蚀大多数金属(铝和其合金除外),与许多常用有机物发生非常激烈反应,引起火灾和爆炸性危险。

危害:蒸气对眼睛、呼吸道等黏膜和皮肤有强烈的刺激性。

处置方法:切断泄漏源,防止进入下水道;少量泄漏时用沙土、干燥石灰、苏打灰混合后回收;大量泄漏时应构筑围堤或挖坑收容,用泵转移至槽车内。

七、硫酸

特性：强烈的腐蚀性和吸水性；遇水大量放热，可沸溅；遇易燃物（如苯）或可燃物（如糖、纤维素）接触发生剧烈反应，甚至燃烧，生成有毒烟雾，稀酸腐蚀常用金属生成氢气。

危害：对眼睛、皮肤、呼吸道有很强的腐蚀性。

处置方法：切断泄漏源，防止进入下水道；或用沙土、干燥石灰、苏打灰混合后回收；回收物应安全处置，可加纯碱—消石灰溶液中和；大量泄漏时应构筑围堤或挖坑收容，用泵转移至槽车内。

八、盐酸

特性：对大多数金属有强腐蚀性；与活泼金属粉末发生反应放出氢气，与氰化物产生剧毒的氰化氢气体。

危害：对皮肤、眼睛、呼吸道有很强的刺激性。

处置方法：切断泄漏源，防止进入下水道；或用沙土、干燥石灰、苏打灰混合后回收；用碱性物质（如碳酸氢钠、碳酸钠、消石灰）等中和。大量泄漏时应构筑围堤或挖坑收容，用泵转移至槽车内。

九、氰化物

特性：在空气中易潮解，放出氢氰酸，空气中的二氧化碳会使氰化物溶液释放出氰化氢，遇热、遇湿、酸引起反应而易着火，高温时与亚硝酸盐或氯酸盐熔融并引起爆炸。

危害：对人体有强烈的毒性。

处置方法：不要直接接触泄漏物，避免扬尘，减少飞散；处理一般采用碱性氯化法，加碱使水处于碱性条件，再加过量次氯酸钠、液氯或漂白粉处理。

十、醇类

特性：易燃，遇高热、明火有引起着火、爆炸危险，与强氧化剂（如硝酸、硝酸银）猛烈发生反应，有着火和爆炸的危险；其蒸气比空气重，能在较低处扩散到相当远的地方，遇明火引着燃烧。

危害：有毒，中枢神经抑制剂。

处置方法：用沙土、干燥石灰混合，然后用无火花工具收集运至废物处理场所；也可用大量水冲洗，经稀释的废水排入废水系统，用沙土、二氧化碳灭火。

十一、液化气、天然气

特性：易燃，与空气相混形成爆炸混合物遇明火爆炸。

危害：低毒，高浓度有刺激和窒息作用。

处置方法：查清现场情况，紧急疏散周围人员；清除火源，关闭阀门切断料源或堵漏，高压喷水强制冷却；严禁明火，防止爆炸；可组织用喷雾水流对泄漏气体驱散，稀释，可用水、干粉、二氧化碳灭火。

十二、油类

特性:易燃易爆。

危害:一次性高浓度汽油蒸气能导致死亡。

处置方法:对燃烧罐体使用干粉或泡沫灭火器,并进行强制降温;发生油料泄漏应迅速堵漏,并收集转移至废物处理场安全处置。

十三、氢氧化钠

特性:强碱,遇酸、水放出大量热,能使可燃物着火。

危害:具有强烈刺激和腐蚀性,皮肤直接接触可引起灼伤。

处置方法:迅速撤离泄漏污染区,限制人员进入;应急处理人员穿防酸碱工作服,泄漏处理中免扬尘,尽量收集,也可大量用水冲洗,废水流入处理系统;液碱泄漏应构筑围堤或挖坑收集,用泵转移至槽车内,残余物回收至废物处理场安全处置;用水、沙土扑救,防止雨水产生飞溅造成灼伤。

第六章　客运站行包安全检查工作规范

第一节　行包安全检查工作流程

一、旅客行包安检工作流程

(1) 上岗前的准备工作。打扫区域内卫生，着统一服装，佩戴好相关证件。携带好相关安全防护设施（辐射计量笔等），以及相关的记录文本。

(2) 做好安检设备开机前的检查工作。检查设备、线路、插座、开关等，重点检查操作屏幕或者设备有无破损等。要求操作台无杂物，设施、设备、工作区域内整洁有序。

(3) 开机。严格按照 X 光安检设备使用说明书中的要求，按规定程序开机，接通电源，钥匙插入锁孔，朝右扭转，指示灯亮后按回车键，检查机器是否运行正常，摄像头是否对正，如有差错应进行微调。出现机器故障应立即报告有关领导安排维修，安检行包时必须做到规范化、程序化。

(4) 引导旅客、查堵"三品"（即易燃、易爆、易腐蚀以及有毒物品），查堵枪支弹药、管制刀具等。引导旅客将携带行包放入"X 光机"传送带进行安检。要求安检工作人员不徇私情，必须做到文明执勤，严格检查。

(5) 监控人员在电脑屏幕上确认过检行包内是否有"三品"。密切注视显示屏，行包通过时如有可疑情况应立即请旅客将行包打开接受检查，如遇旅客不配合可通知警方处理。要求旅客行包在接受安检时，旅客从机器旁的行人通道进入候车厅，严禁闲杂人员在机器旁围观，严禁小孩在机器上玩耍，严禁"三品"进站上车，不得漏检、漏查。

(6) 开箱（包）检查时，可疑物品的托运人或者携带者应当在场。对旅客申明所携物品不宜接受公开检查的，可根据情况在适当场所进行检查。

(7) 发现禁运物品可根据实际情况按规定做收缴暂扣、代为保管等处理，如查出枪支弹药应立即通知警方，对收缴物品做出登记并妥善处理，旅客可凭有效证件、身份证领取代为保管的物品。

(8) 做好记录登记备档工作。对查获的"三品"要填写《"三品"安全检查登记表》，并分类保管，确保安全并及时上交公安机关。

(9) 安检工作人员要不断提高自身工作素质并参加继续教育培训，善于识别各类危险物品的能力，熟练掌握安检设备的操作规程，严格交接班制度。安检设备运转时不能离人，即：接班的安检人员没到岗，当班的安检人员就不能走，中途有事离岗，由值班负责人另行安排人员接替。

（10）安检工作人员下班时必须关好所有电源及机柜方可离岗。

具体流程见图6-1。

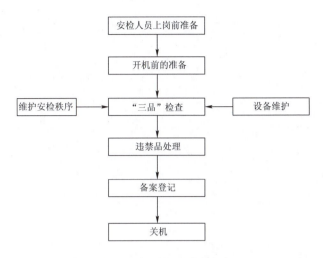

图6-1　旅客行包安检流程图

二、行包托运安检流程

（1）行包托运室在为旅客办理行包托运手续时，应仔细查验物品，并详细询问物品托运的地点，发货人姓名和联系方式；收货人姓名和联系方式，并进行实名登记。

（2）行包托运室对办理行包托运手续的同时，将所有的行包放入"X光安检机"内，进行安全检查后方可托运。

（3）行包托运室行包员按照车站发车区域将行包摆放整齐，到发车时间时，行包员再仔细核准托运的地点，清点货物数量后开具手续，将行包拉到发车区方可装车。托运物品安检流程见图6-2。

三、旅客及行包安检的总体流程

汽车客运站旅客及行包安检的总体流程见图6-3。

（1）引导旅客将携带行包放入X光机传送带进行安检。

（2）监控人员在安检设备监视屏幕上确认过检行包内是否有违禁品。

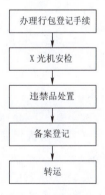

图6-2　托运物品安检流程

（3）发现有违禁品的行包后，对携带违禁品的旅客做好解释工作，请其配合交出违禁品。

（4）检查人员对可疑行包，应向旅客做好解释工作，并请旅客将行包打开接受检查。

（5）对查获的违禁品作好登记暂存，按规定统一上缴，严禁旅客将违禁品携带上车。

（6）确认行包无违禁品后，由安检人员贴上"已检"字标签，该行包安检合格。

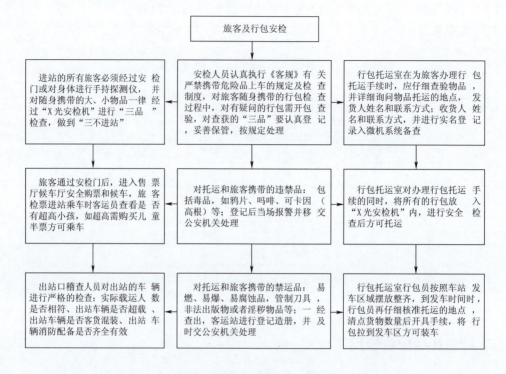

图 6-3　旅客及行包安检的总体流程

第二节　行包安全检查工作规范

一、班前准备

（1）检查危险品安检设备及相关用品是否齐备、完好情况，做好安检设备的调试和保洁工作；

（2）在危险品安检区内设置引导隔离带和人员疏导通道；

（3）安检人员要着装整齐，佩戴服务证章，签到上班，并作好《危险品查堵工作登记簿》登记；

（4）掌握当日汽车客运站发班车次、时间和线路变更等情况；

（5）安检值班组长对当班岗位要求进行布置。

二、交接班

（1）交接班安检员应当面检查确认危险品安检设备及相关用品的齐备、完好情况，并交接填写《危险品查堵工作登记簿》；

（2）交接班内容包括：上级指示、问题及处理结果、设备情况、遗留问题、注意事项等。安检交班人员在接班人员完成岗位接替后方可离岗。

三、离岗作业

(1) 关闭安检设备和电源，清点检查安检设备是否齐全完好，做好工作记录；
(2) 对安检设备进行保洁后安全存放；
(3) 做好当日危险品安检工作数据统计和危险物品处理工作。

四、监控设备操作

(1) 安检监控设备电源接通后，首先打开显示器电源开关，再按主机面板上的电源按钮，待显示器上提示输入用户名及密码时，用鼠标点击确认按钮或敲击键盘上确认键，电脑将开始运行并自动打开安检监控系统；
(2) 使用监控屏幕显示图面以便对各个岗位进行监控；
(3) 录像回放时，选择好日期、通道、时间后，即可进行录像回放；
(4) 关闭监控系统时，用鼠标点击监控屏幕右下角按钮，当监控系统提示是否确认退出系统音，用鼠标点击确认按钮或敲击键盘上确认键，系统将自动退出并关机。

第三节　行包安全检查操作规范

(1) 旅客行包安全检查工作必须坚持"安全第一、严格检查、文明礼貌、热情服务"的准则。
(2) 进站候车旅客及其随身携带的行李物品，必须按要求接受安全检查。
(3) 实施安全检查的方式包括安检仪检查和人工开包检查。实施人工开包检查时，一般由旅客自己打开随身携带物品以供查验。必要时也可由安检人员开包查检。
(4) 旅客携带的行包必须经过"三品"安全检查仪的检查。发现疑似"三品"时必须开箱（包）检查，疑似"三品"的携带者应当在场。
(5) 旅客申明所携物品不宜接受公开检查的，安检人员可根据实际情况，在适当场合检查。
(6) 在行包安全检查中发现有疑点的旅客，安检人员必须通过手工检查的方法进行复查，排除疑点后方可放行。
(7) 手工检查一般应由同性别安检人员实施；对女性旅客实施检查时，必须由女性安检人员进行。
(8) 经过行包安全检查的旅客应当在候车厅内等车。如旅客因其他原因离开候车厅的，再次进入时必须重新接受安全检查。
(9) 旅客无正当理由拒不接受行包安全检查时，安检员有权拒绝其进站上车，因拒绝检查而造成的经济损失及一切后果由拒绝安检的旅客自己负责。
(10) 对怀疑为危险品，但因客观条件所限无法判定物品性质时，旅客又不能提供该物品安全性质、可以运输的证明的，检查人员可以拒绝其进站上车。
(11) 旅客不配合安检工作或旅客身份可疑的，安检员应按照《行包安检突发事件处理规定》逐级上报领导，并立即通知公安人员控制可疑人员。

不配合安检工作包含下列情形:
①逃避安全检查的;
②妨碍安检人员执行公务的;
③携带易燃易爆和危险品又无任何证明的;
④扰乱安检现场工作秩序的。
对有以上情形之一的,交由公安机关处理。
(12)有下列威胁旅客运输安全行为之一的,交由公安机关查处:
①携带枪支、弹药、管制刀具及其仿制品进入安检现场的;
②不接受安全检查,强行进入候车厅不听劝阻的;
③隐匿携带易燃易爆和危险品企图通过安全检查的;
④其他威胁旅客运输车辆安全的行为。

第四节　行包安检员岗位职责

(1)贯彻"安全第一、预防为主、综合治理"的方针,认真做好旅客携带物品的安全检查。

(2)对进站旅客携带的每件行包,必须通过X射线安检系统进行检查,因特殊情况不能使用安检系统的,必须坚持开包检查。

(3)通过安检系统检查发现可疑物品时必须进行开包检查。经检查发现易燃、易爆、易腐蚀等违禁物品必须予以收缴,对旅客携带的生活用刀具、发胶、摩丝等物品,应采取交由驾乘人员放入旅客所乘车辆行李箱或由车站代为保管的办法妥善处理,同时应做好相关人员的安全宣传教育工作。

(4)检查中发现管制刀具、枪械、雷管等危及社会稳定和安全的物品必须予以收缴,并及时上报公司及公安机关。

(5)工作中必须坚持"三优"、"三化"服务,坚持标准用语,做到文明用语、礼貌用语,不得与旅客发生口角、争吵等影响公司形象的行为。

(6)认真及时对检查情况进行登记记录,注明检查时间、检查物品、收缴、代管物品并签字。

(7)及时将收缴或代管物品上交主管科室分类、登记、保管,由科室定期上交公安机关进行处理。不能及时上交的物品,检查人员要对其进行分类,妥善保管。

(8)检查合格的行包要及时粘贴检查合格标志,防止漏检和重复检查。

(9)定期将检查情况记录上报主管科室并建立台账。

(10)定期对安检系统进行维护,保持安检设备日常清洁。

(11)对岗位区域内的安全检查设备进行经常性检查,作好安全用电和防火、防盗工作。

(12)对妨碍安全、消防、治安和社会稳定的事件应主动制止,及时如实向公司和有关部门报告安全问题,并积极配合有关部门进行调查、处理。

(13)自觉加强法律、法规、规章制度和业务技能的学习,努力提高工作能力和安全意识,提高对突发事件和安全事故的应急处理能力。

第六章　客运站行包安全检查工作规范

第五节　行包安检员工作礼仪

一、行为规范

1. 站姿

归纳为："三挺、两收、两平"即腿挺、胸挺、颈挺，小腹微收、下颌微收，两肩平、两眼平视。具体要求如下：两脚跟并拢靠齐，脚尖分开约60°。两腿挺直，小腹微收，上体正直，稍向前倾。两臂下垂，自然伸直。拇指贴于食指第二节，中指贴裤缝。头要正，颈要直，下颌微收，眼睛平视前方。

2. 坐姿

上身挺直，双肩正平，两手自然放在两腿或扶手上，双膝并拢，小腿垂直落于地面，两脚自然分开成45°，视线与向地心垂线的夹角为115°左右。也就是电脑屏幕略低于平行视线。

3. 行走

左脚向正前方迈出约75cm，按照先脚跟后脚掌的顺序着地，同时身体中心前移，右脚照此法动作；上体正直，微向前倾；手指轻轻握拢，拇指贴于食指第二节；两臂前后自然摆动，向前摆臂时，肘部弯曲，小臂自然向里合，手心向内稍向下，拇指根部对正衣扣线，并与最下方衣扣同高，离身体约25cm；向后摆臂时，手臂自然伸直，手腕前侧距裤缝线约30cm。行进速度每分钟116～122步。

4. 交接岗

（1）交班安检员介绍上一班安检服务中发生的事情及处理结果，接班安检员查阅上一班安检服务的值班记录，核对交班介绍的情况，以求一致。

（2）交班安检员详细交代上一班尚未处理完毕、需要接班安检员继续处理的事项。

（3）双方清点交接岗位上配备的安检服务工作器械、物品。

（4）交班安检员讲明其他需要接班安检员注意的有关事项。

（5）交接班的安检员，在双方见面和分别时，应该彼此敬礼，以示尊重。

二、仪容仪表

1. 胸卡

（1）着工装必须佩戴胸卡；

（2）胸卡须佩戴在左胸部。

2. 着装

按规定着不同季节工装，确保着装整洁。冬装应系好风纪扣，戴棉帽或春秋帽，衬（毛）衣领须为深色，衣领不得高于外衣领；春秋装必须系领带，佩带肩牌，禁止披衣、敞怀、挽袖；夏装穿短袖衬衫，佩戴肩牌和胸卡，必须穿黑色皮鞋；不允许穿凉鞋。

3. 仪表

（1）男员工不留特殊发型；

（2）女员工着工装不许梳披肩发；

(3) 不焗特殊颜色头发;
(4) 指甲应注意修剪,指甲内无泥垢;口腔保持清洁无异味;
(5) 男员工不准留胡须。

三、语言规范

语言:使用普通话,语言表达规范准确,口齿清晰。与受检旅客交流时以"请"开头,以"谢"结尾,语气平和、语速稍慢、语调平静。禁止使用推诿、命令、申斥等语气的服务忌语,做到"四不说",即:不说有伤受检旅客自尊心和人格的话;不说教训、埋怨、挖苦受检旅客的话;不说粗话、脏话、无理的话;不说推诿、敷衍、不耐烦的话。

(1) 在引导乘客进行危险品查堵时,应当使用"引导词",内容为:"您好!请您接受安全检查"。

(2) 对需开包检查的乘客,应当使用"告知词",内容为:"您好,您的箱包(挎包、箱子、行李等)需要进行开包检查,请您配合"。

(3) 对于乘客携带的箱包经打开确认安全后,应当使用"感谢词"。内容为:"检查完毕,谢谢合作,请您拿好随身物品,祝您乘车愉快"。

(4) 遇有乘客不配合危险品检查时,应当使用"劝检词",内容为:"您好!请您配合行包安全检查"。

(5) 遇有乘客携带限带物品时应当使用"告知词"。内容为"您好,您携带的物品属于限量带物品,您不能携带这么多物品乘车"。

第七章　客运站行包安全检查员安全防护与职业健康

第一节　安全防护知识

汽车客运站安检人员由于长期接触安检设备,在工作过程中应对安检设备辐射做好防护,必要时应在工装内穿着具有防护 X 射线功能的防护服;由于根据工作性质需要,在开包检查过程中应戴手套,防止行包中的锐器刺破手或污染、腐蚀性物品黏在手上。杜绝防范危险品进站。

1. X 射线安全检查设备的辐射危害防护

车站 X 射线安检机的辐射剂量不是很大,一般只要注意以下几点就不会对安检人员健康构成影响:

(1)只有经过培训或经相关管理部门认可的人员,才能操作 X 射线安全检查设备。

(2) X 射线安全检查设备出厂前严格按国家标准经过检验,在正确安装和经培训合格的操作人员使用条件下,可确保操作人员、旅客人身和行李包裹内物品的安全。

(3)设备运行时必须有专人值守,否则可能造成随意接触设备的人员受到机械或射线伤害,或造成设备损坏。

(4) X 射线安全检查设备在只有被检物品通过检测区域时,或人为强制给定时,才会发射出微剂量 X 射线,此时"射线发射"红色信号灯亮,其他任何时刻设备均不发射 X 射线。

(5)检测通道正上方"急停开关"按钮被按下或系统两侧大护板打开时均能立即关闭 X 射线发生器。

(6)设备正常运行时,安检设备操作人员和旅客身体的任何部位都不要进入检测通道铅橡胶帘内,否则有可能造成射线辐射伤害。

(7)设备正常运行过程中,送取行李包裹时,操作人员和旅客身体的任何部位都不要接触传送带和滚筒,否则有可能夹伤或挤伤。

(8)如发生(6)、(7)条所述情况,可立即按下"急停开关"按钮,待设备停止运行后进行处理。

(9)只有具备机械、电器、电子、计算机相关专业技能,并经过专门培训的人员,才可以对 X 射线安全检查仪的相关部件进行拆装、维护和修理。

(10)将不属于 X 射线安全检查设备的任何机械、电器、电子部件连接到 X 射线安全检查设备的供电单元或系统中,都有可能影响设备正常工作以至损坏设备。

(11)未经安检设备生产厂家允许,对计算机系统的任何硬件或软件改动、升级,都可能造成系统不能正常工作或系统崩溃。不允许在系统计算机中使用各种移动存储设备、各种光盘及音响视频设备，以防系统感染病毒或损坏。

（12）如发现检测通道铅橡胶帘、急停开关、射线信号灯等安全器件损坏，应及时联系厂家更换，避免射线泄漏导致辐射损伤。

（13）按照《中华人民共和国职业病防治法》《放射性同位素与射线装置安全与防护条例》《放射工作人员职业健康管理办法》等国家有关法律、法规的规定，在安装好X射线安全检查设备后要尽快到当地县级或县级以上环境保护主管部门进行注册、登记，接受其监督、管理。

2. 开包检查危险品时安全防护

在X射线安检设备检查出疑似危险品和认定危险品后，安检人员应让旅客开包取出确认或收缴，此时应做好以下防护。

（1）给旅客做好解释工作，让旅客自己开包把危险品拿出来。

（2）防止个别蓄意携带危险品的犯罪分子暴力抗法，实施犯罪。

（3）对疑似危险品最好让旅客开包拿出来，安检人员不要冒然把手伸进旅客行包内去取，以防刺破手或破损包装后污染、危害安检人员。

（4）在开包检查过程中如果出现危险品泄漏污染或爆炸事件，安检人员应按紧急事件预案处理。

3. 安检人员应提高自我保护意识

（1）安检人员首先应自觉接受用人单位有关职业病防治知识的宣传教育和培训，掌握本工作岗位的有害因素种类、后果、预防以及应急救治措施等内容。严格执行操作规程，严禁违规操作，防止意外事故的发生。

（2）安检人员在就业前必须进行职业健康检查，了解自己是否存在所从事职业的禁忌症。安检人员就业后必须定期进行职业性健康检查，以便早期发现职业病损害，及时采取防治措施。

（3）安检人员必须学会使用个人防护用品。个人防护措施是职业病预防工作中的一项重要预防措施，它可以防御职业病有害因素对人体的危害。常用的个人防护用品有防辐射服、手套等。

（4）安检人员必须养成良好的个人卫生习惯。良好的个人卫生习惯在职业病预防中也有一定的作用。安检人员必须养成不吸烟、勤洗手，下班后更衣、洗澡沐浴等好习惯。

（5）保健膳食对预防职业病的发生也有一定的辅助作用。保健膳食可增强机体抵抗力，保护受到毒物损害的靶器官和系统，发挥某些营养成分的解毒作用。

第二节　职业健康相关规定

一、职业病防治的重要性

劳动和健康是国家宪法赋予每个公民的基本权益，《职业病防治法》以保护广大劳动者的健康为宗旨，要求从源头预防、控制和消除职业病危害，防治职业病。职业病是一类与工业发展、与经济活动密切相关的人为疾病。多数职业病一旦患上了是很难治愈的,特别是一些严重的慢性职业病,如尘肺病、职业性肿瘤等。

一个时期以来,由于一些地方政府片面强调经济发展,忽视职业病防治工作;一些企业片面追求利益最大化,不顾劳动者的生命健康与安全,致使我国职业病发病再次呈不断上升趋势。急性职业中毒等急性职业病时有发生,甚至酿成群死群伤的重大事故;以尘肺病为代表的慢性职业病则呈现出聚集性发病的特点,导致一些地方劳动者因职业病返贫、致贫,特别是西部农村问题十分突出。有的地方还出现因群体职业病纠纷处理不当而发生严重影响社会稳定的事件。可见,职业病问题不但是一个重大的公共卫生问题,也是一个重大的社会问题。职业病不仅给患者个人及其家庭造成了悲剧,同时也给国家和地方经济造成重大损失。据国际劳工组织报告,全球职业伤害导致的经济损失占全球GDP的4%。我国是世界上职业病危害严重的国家之一,其经济损失可能更大。在经济全球化的过程中,职业病防治和劳动者健康受到国际社会的高度关注,劳工保护要求与国际贸易规则的挂钩越来越紧密。忽视劳动者健康保护必将影响企业进入国际市场和参与国际贸易竞争。这方面我们已有不少教训。因此,加强职业病防治工作,不仅是为了保护劳动者个人的健康及其权益,同时也是促进我国经济社会的协调发展,规范市场经济秩序,帮助企业走向国际市场的需要。此外,从一个国家经济可持续发展的角度来看,职业病防治工作的着眼点还在于它所保护的是社会宝贵的劳动力资源。经济可持续发展,必须以劳动力的可持续发展为基础。这就是职业病防治的长远意义所在,同时也是职业病防治工作的重要性所在。

二、《中华人民共和国职业病防治法》的颁布

我国于2002年5月1日开始实施了《中华人民共和国职业病防治法》(2011年12月31日重新修订),同时卫生部与劳动保障部联合公布了新的《职业病目录》,共有10大类115种,即尘肺13种、职业性放射病11种、职业中毒56种、物理因素所致职业病5种、生物因素所致职业病3种、职业性皮肤病8种、职业性眼病5种、职业性耳鼻喉口腔疾病3种、职业性肿瘤8种、其他职业病5种。

根据《中华人民共和国职业病防治法》职业病必须具备4个条件:

(1)患病主体必须是企业、事业或者个体经营组织的劳动者。

(2)必须是在从事职业活动的过程中产生的。

(3)必须是接触职业病危害因素。

(4)必须是国家公布的职业病分类和目录所列的职业病。

《中华人民共和国职业病防治法》中同时对劳动过程中的安全防护作出规定:

(1)用人单位应当采取下列职业病防治管理措施:

①设置或者指定职业卫生管理机构或者组织,配备专职或者兼职的职业卫生管理人员,负责本单位的职业病防治工作;

②制定职业病防治计划和实施方案;

③建立、健全职业卫生管理制度和操作规程;

④建立、健全职业卫生档案和劳动者健康监护档案;

⑤建立、健全工作场所职业病危害因素监测及评价制度;

⑥建立、健全职业病危害事故应急救援预案。

（2）用人单位应当保障职业病防治所需的资金投入，不得挤占、挪用，并对因资金投入不足导致的后果承担责任。

（3）用人单位必须采用有效的职业病防护设施，并为劳动者提供个人使用的职业病防护用品。

（4）用人单位为劳动者个人提供的职业病防护用品必须符合防治职业病的要求；不符合要求的，不得使用。

（5）对可能发生急性职业损伤的有毒、有害工作场所，用人单位应当设置报警装置，配置现场急救用品、冲洗设备、应急撤离通道和必要的泄险区。

对放射工作场所用人单位必须配置防护设备和报警装置，保证接触放射线的工作人员佩戴个人剂量计。

对职业病防护设备、应急救援设施和个人使用的职业病防护用品，用人单位应当进行经常性的维护、检修，定期检测其性能和效果，确保其处于正常状态，不得擅自拆除或者停止使用。

（6）用人单位应当实施由专人负责的职业病危害因素日常监测，并确保监测系统处于正常运行状态。

用人单位应当按照国务院安全生产监督管理部门的规定，定期对工作场所进行职业病危害因素检测、评价。检测、评价结果存入用人单位职业卫生档案，定期向所在地安全生产监督管理部门报告并向劳动者公布。

职业病危害因素检测、评价由依法设立的取得国务院安全生产监督管理部门或者设区的市级以上地方人民政府安全生产监督管理部门按照职责分工给予资质认可的职业卫生技术服务机构进行。职业卫生技术服务机构所作检测、评价应当客观、真实。

发现工作场所职业病危害因素不符合国家职业卫生标准和卫生要求时，用人单位应当立即采取相应治理措施，仍然达不到国家职业卫生标准和卫生要求的，必须停止存在职业病危害因素的作业；职业病危害因素经治理后，符合国家职业卫生标准和卫生要求的，方可重新作业。

（7）向用人单位提供可能产生职业病危害设备的，应当提供中文说明书，并在设备的醒目位置设置警示标识和中文警示说明。警示说明应当载明设备性能、可能产生的职业病危害、安全操作和维护注意事项、职业病防护以及应急救治措施等内容。

用人单位的主要负责人和职业卫生管理人员应当接受职业卫生培训，遵守职业病防治法律、法规，依法组织本单位的职业病防治工作。

（8）用人单位应当对劳动者进行上岗前的职业卫生培训和在岗期间的定期职业卫生培训，普及职业卫生知识，督促劳动者遵守职业病防治法律、法规、规章和操作规程，指导劳动者正确使用职业病防护设备和个人使用的职业病防护用品。

劳动者应当学习和掌握相关的职业卫生知识，增强职业病防范意识，遵守职业病防治法律、法规、规章和操作规程，正确使用、维护职业病防护设备和个人使用的职业病防护用品，发现职业病危害事故隐患应当及时报告。

劳动者不履行前款规定义务的，用人单位应当对其进行教育。

(9)对从事接触职业病危害的作业的劳动者,用人单位应当按照国务院安全生产监督管理部门、卫生行政部门的规定组织上岗前、在岗期间和离岗时的职业健康检查,并将检查结果书面告知劳动者。职业健康检查费用由用人单位承担。

用人单位不得安排未经上岗前职业健康检查的劳动者从事接触职业病危害的作业;不得安排有职业禁忌的劳动者从事其所禁忌的作业(如妊娠期女工等);对在职业健康检查中发现有与所从事的职业相关的健康损害的劳动者,应当调离原工作岗位,并妥善安置;对未进行离岗前职业健康检查的劳动者不得解除或者终止与其订立的劳动合同。

职业健康检查应当由省级以上人民政府卫生行政部门批准的医疗卫生机构承担。

(10)用人单位应当为劳动者建立职业健康监护档案,并按照规定的期限妥善保存。

职业健康监护档案应当包括劳动者的职业史、职业病危害接触史、职业健康检查结果和职业病诊疗等有关个人健康资料。

劳动者离开用人单位时,有权索取本人职业健康监护档案复印件,用人单位应当如实、无偿提供,并在所提供的复印件上签章。

(11)发生或者可能发生急性职业病危害事故时,用人单位应当立即采取应急救援和控制措施,并及时报告所在地安全生产监督管理部门和有关部门。安全生产监督管理部门接到报告后,应当及时会同有关部门组织调查处理;必要时,可以采取临时控制措施。卫生行政部门应当组织做好医疗救治工作。

对遭受或者可能遭受急性职业病危害的劳动者,用人单位应当及时组织救治、进行健康检查和医学观察,所需费用由用人单位承担。

(12)用人单位不得安排未成年工从事接触职业病危害的作业;不得安排孕期、哺乳期的女职工从事对本人和胎儿、婴儿有危害的作业。

(13)劳动者享有下列职业卫生保护权利:

①获得职业卫生教育、培训;

②获得职业健康检查、职业病诊疗、康复等职业病防治服务;

③了解工作场所产生或者可能产生的职业病危害因素、危害后果和应当采取的职业病防护措施;

④要求用人单位提供符合防治职业病要求的职业病防护设施和个人使用的职业病防护用品,改善工作条件;

⑤对违反职业病防治法律、法规以及危及生命健康的行为提出批评、检举和控告;

⑥拒绝违章指挥和强令进行没有职业病防护措施的作业;

⑦参与用人单位职业卫生工作的民主管理,对职业病防治工作提出意见和建议。

用人单位应当保障劳动者行使前款所列权利。因劳动者依法行使正当权利而降低其工资、福利等待遇或者解除、终止与其订立的劳动合同的,其行为无效。

(14)用人单位按照职业病防治要求,用于预防和治理职业病危害、工作场所卫生检测、健康监护和职业卫生培训等费用,按照国家有关规定,在生产成本中据实列支。

(15)职业卫生监督管理部门应当按照职责分工,加强对用人单位落实职业病防护管理措施情况的监督检查,依法行使职权,承担责任。

三、《放射性同位素与射线装置安全和防护管理办法》的颁布

《放射性同位素与射线装置安全和防护管理办法》由环境保护部 2011 年第一次部务会议于 2011 年 3 月 24 日审议通过。办法规定：

(1) 使用射线装置的场所，应当按照国家有关规定设置明显的放射性标志，其入口处应当按照国家有关安全和防护标准的要求，设置安全和防护设施以及必要的防护安全连锁、报警装置或者工作信号。

(2) 使用射线装置的场所，应当按照国家有关规定采取有效措施，防止运行故障，并避免故障导致次生危害。

(3) 使用射线装置的单位，应当按照法律、行政法规以及国家环境保护和职业卫生标准，对本单位的辐射工作人员进行个人剂量监测；发现个人剂量监测结果异常的，应当立即核实和调查，并将有关情况及时报告辐射安全许可证发证机关。

四、《放射工作人员职业健康管理办法》的颁布

《放射工作人员职业健康管理办法》于 2007 年 3 月 23 日经卫生部部务会议讨论通过。办法规定：

(1) 放射工作人员应当具备下列基本条件：
①年满 18 周岁；
②经职业健康检查，符合放射工作人员的职业健康要求；
③放射防护和有关法律知识培训考核合格；
④遵守放射防护法规和规章制度，接受职业健康监护和个人剂量监测管理；
⑤持有《放射工作人员证》。

(2) 放射工作人员上岗前应当接受放射防护和有关法律知识培训，考核合格方可参加相应的工作。培训时间不少于 4 天。

(3) 放射工作人员上岗前，应当进行上岗前的职业健康检查，符合放射工作人员健康标准的，方可参加相应的放射工作。

放射工作单位不得安排未经职业健康检查或者不符合放射工作人员职业健康标准的人员从事放射工作。

(4) 放射工作单位应当组织上岗后的放射工作人员定期进行职业健康检查，两次检查的时间间隔不应超过 2 年，必要时可增加临时性检查。

(5) 放射工作人员脱离放射工作岗位时，放射工作单位应当对其进行离岗前的职业健康检查。

(6) 对参加应急处理或者受到事故照射的放射工作人员，放射工作单位应当及时组织健康检查或者医疗救治，按照国家有关标准进行医学随访观察。

(7) 职业健康检查机构发现有可能因放射性因素导致健康损害的，应当通知放射工作单位，并及时告知放射工作人员本人。

职业健康检查机构发现疑似职业性放射性疾病病人应当通知放射工作人员及其所在放射工作单位，并按规定向放射工作单位所在地卫生行政部门报告。

第七章　客运站行包安全检查员安全防护与职业健康

(8)放射工作单位应当在收到职业健康检查报告的7日内,如实告知放射工作人员,并将检查结论记录在《放射工作人员证》中。

放射工作单位对职业健康检查中发现不宜继续从事放射工作的人员,应当及时调离放射工作岗位,并妥善安置;对需要复查和医学随访观察的放射工作人员,应当及时予以安排。

(9)放射工作单位不得安排怀孕的妇女参与应急处理和有可能造成职业性内照射的工作。哺乳期妇女在其哺乳期间应避免接受职业性内照射。

(10)放射工作单位应当为放射工作人员建立并终生保存职业健康监护档案。职业健康监护档案应包括以下内容:

①职业史、既往病史和职业照射接触史;

②历次职业健康检查结果及评价处理意见;

③职业性放射性疾病诊疗、医学随访观察等健康资料。

(11)放射工作人员有权查阅、复印本人的职业健康监护档案。放射工作单位应当如实、无偿提供。

(12)放射工作人员职业健康检查、职业性放射性疾病的诊断、鉴定、医疗救治和医学随访观察的费用,由其所在单位承担。

(13)职业性放射性疾病的诊断鉴定工作按照《职业病诊断与鉴定管理办法》和国家有关标准执行。

第八章　客运站行包安全检查突发事件防范

第一节　客运站行包安全检查突发事件防范

行包安全检查突发事件防范措施应根据各单位具体情况来制订,具体内容可概括为如下几点。

1. 安全预防采取人防、物防、技防相结合的方式

1) 人防

(1) 建立"警站联防"的防控网络;

(2) 建立重点岗位人员信息采集制度;

(3) 实行 24 小时巡逻检查制度;

(4) 领导干部带班值宿制度,保持通信设备 24 小时畅通;

(5) 建立突发事件应急处置队伍;

(6) 安检岗位人员全部持证上岗,对旅客随身携带及托运的物品做到"逢包必检、带有液体必查、遇有疑问必问";

(7) 加强对于突发事件应急处理的培训工作,将突发事件应急演练常态化,提升员工对突发事件的应急处置能力;

(8) 遇有重大事件或特殊时期人,实行引导员双人值岗指导旅客,检包员双人坐岗值机,确保安检工作顺畅有序;

(9) 安检人员应熟悉应急预案内容,熟练使用配备的应急设备、器材,了解本岗位的应急救援职责和方法。

2) 物防

(1) 配备防暴叉、防暴盾牌、橡胶棍等非警用安保器材,应对突发暴力恐怖事件;

(2) 配备手持安检仪、照明手电筒等设备,应对停电或安检机故障等突发事件;

(3) 售票厅、候车厅等人员密集部位设置醒目的安全疏散标志;

(4) 配备必要的应急救援物资和装备,如急救箱、警戒带、担架、扩音器等救援工具;

(5) 定期检测、维护报警装置和应急救援设施、设备,确保完备有效;

(6) 有条件客运站应配备防毒面具、空气呼吸机、防爆毯、防爆罐、防护服等必要的防护防暴器材和应急处直突突发事件装备;

(7) 配备应急广播、照明、消防设备和其他应急避险器材,注明使用方法;

(8) 设置相应的报警装置和应急救援设备;

(9) 设置符合要求且明显的安全标志、安全出口与疏散路线、通道;

(10)在可能出现危险处设置明显警示标志,对可能出现的危险情况做出说明提示,告知预防和紧急自救方法。

3)技防

(1)设置防爆安检系统。旅客进站厅应设置 X 射线安全检查设备、手持金属探测器、爆炸物检验仪、防爆装置及附属设备;行包房应设置 X 射线安全检查设备。

(2)旅客进站厅、旅客候车区进出站交通要道及其他有安防监控需要的场所和部位,应设置视频安防监控系统。

(3)安检监控中心具有独立的备用电源,如遇停电等突发情况,可保证正常工作;

(4)建立覆盖全站的广播系统,发布消息及时清晰。

(5)售票场所(含机房、票据库、进款室)、行包房应设置入侵报警系统(含紧急报警装置)、视频安防监控系统。

(6)要害部位的出入口、售票场所的主要出入口、特殊需要的重要通道口,宜设置出入口控制系统。

(7)汽车客运站安全监控中心应独立设置。

2.安检服务要规范,化解矛盾有耐心

(1)加强安检人员服务礼仪的培训,制定服务礼仪规范;

(2)提升安检人员服务意识,在与旅客沟通时必须用语标准,用语规范,亲切自然,音量适中,禁用忌语;

(3)严格执行首问负责制,对旅客提出的问题不推诿、不敷衍;

(4)树立安检人员良好的个人形象,着装整洁,注重个人仪表,站姿坐姿标准,手势到位;

(5)善于化解矛盾,不要伤害他人的自尊,不计较旅客的态度,对其耐心忍让,不说顶撞的话。

第二节　行包安全检查突发事件应急预案

一、安检现场突发事件处置的原则

(1)以人为本原则。维护广大旅客的根本利益,保护旅客生命财产安全,是客运站应急处理工作的出发点和主旨,积极预防和最大限度地减少突发事件危害,是危险品安检工作的重要职责。

(2)预防为主原则。把应对突发事件的各项工作,落实到客运站安检日常管理之中。加强基础工作,增强预警分析,做好预案演练,提高防范意识,将预防与应急处理有机结合起来,有效控制危机,力争做到早发现、早报告、早控制、早解决,将突发事件造成的损失减少到最低程度。

(3)层层负责,快速反应原则。各级领导骨干,尤其是直接管理人员对客运站安全稳定负有特殊责任;建立安检现场突发事件应急处理预案,确保对突发事件的处理快速、有序、高效。

(4)影响范围最小化、安全系数最大化原则。建立健全突发事件的处理方法,严格控制事态的发展,力争在最短的时间和最小的范围内处理,避免引起旅客的恐慌或事态恶化。

(5)信息畅通原则。针对可能发生的突发事件,完善预测预警机制,开展风险分析。突发事件发生后,现场人员应立即采取措施,控制事态发展,组织开展应急救援工作,并在第一时间内向上级主管报告,不得迟报、瞒报、漏报、谎报,确保处置信息上传及时、准确。

二、安检现场突发事件的种类

(1)发现携带枪支弹药、爆炸物品类等危险品;
(2)发现管制刀具、易燃易爆及毒害品等违禁物品;
(3)发现公安机关布控犯罪嫌疑人;
(4)发生爆炸、火灾等意外事件;
(5)犯罪嫌疑人携带凶器劫持人质;
(6)遇到安检现场停电、设备故障;
(7)精神病人或醉酒者不能约束自己行为者强行冲关;
(8)在接受安检过程中遇到声称有爆炸物品的人;
(9)拒不接受安检强行通关者;
(10)不理解行包安检规定,辱骂或殴打安检员者;
(11)其他可能对客运站安全造成威胁或需要进行紧急处置的突发事件。

三、安检现场突发事件的处理办法

(1)发现携带枪支弹药、爆炸物品类等危险品。如能将安检机停机,则立即关闭电源,力争将违禁物品停留在安检机内,并向旅客做出解释:"安检机发生故障,需要进行检修,请退后稍等"。然后立即通知公安人员,进行处理;若违禁物品(如炸药、雷管、导火索等)已通过安检机传输带,则立即将人、物分离,将爆炸物放到防爆罐内,有序疏散旅客,迅速报公安人员处理,如遇反抗者应立即制服,移交公安人员处理,并做好详细记录。

(2)发现管制刀具、易燃易爆及毒害品等违禁物品。应立即将人、物分开,迅速隔离防止其威胁到旅客和工作人员,控制携带者,如遇反抗应将其制服,移交公安机关处理,并做好记录。

(3)发现公安机关布控犯罪嫌疑人,应稳住犯罪嫌疑人,用暗号通知其他工作人员,对其严格检查,在确保安全的情况下将嫌疑人控制,同是报告公安执勤民警进行处理,并做好记录。

(4)发生爆炸、火灾等意外事件,值班人员迅速组织现场人员有序疏散旅客,立即报警,启动应急预案,并用灭火器进行初期火灾扑救,配合公安、消防维持好现场秩序,协助有关部门做好其他工作。严密观察现场动态,注意发现其他可疑现象和人员,防止恐怖分子第二次破坏。

(5)犯罪嫌疑人携带凶器劫持人质,发现情况立即报告值班领导,并及时报告公安执勤民警。值班领导迅速组织人员把好通道,停止安全检查,立即封闭检查通道,对未检旅客进行疏散,设法稳住罪犯,并疏散安检现场的旅客,协助公安人员做好现场处置工作。

(6)遇停电时,值班人员第一时间通知主管,对旅客做好解释工作。同时安检岗位人员

第八章　客运站行包安全检查突发事件防范

全员上岗,两人一组通过手持安检仪和开包检查的方式进行人工检查。开放安检通道避免造成旅客拥挤;安抚旅客情绪,告知旅客不会耽误乘车时间,如有即将发车的旅客可优先检查通过。

如遇到安检机故障时,立即通知主管并报修,同时改变安检通道,指引旅客通过备用安检机或人工捡查方式进行安检。

(7)遇到精神病人或醉酒不能约束自己行为者强行冲关,如其有同行人员一起进站,则要求同行人员对其进行控制,将其隔离在客运站区域以外,同时通知公安人员进行处理。如无同行人员,则由值班人员采取必要措施将其控制在客运站区域以外,同时通知公安人员进行处理。

(8)在接受安检过程中遇到声称有爆炸物品的人,立即利用安检机处防暴钢叉及防暴喷雾将其控制住;划出隔离区域做到人、物分离,注意观察该旅客是否有其他同伴,如有应将其控制住;并对其人身和携带物品、托运行李进行严格检查,同时将情况上报主管领导及公安人员,启动应急预案,按预案要求对旅客进行疏散,防止造成人员伤亡等严重后果。如有不明爆炸物,应放置防爆罐中,等待公安人员进行处理。

(9)拒不接受安检强行通关者,可按如下几种情况进行处理:

①快到发车时间,旅客着急上车的,引导员可以安排旅客提前检包,并且用温和语气告诉旅客不要着急,否则会耽误乘车时间。

②旅客嫌弃安检传输带脏的,安检员应告诉旅客:"请您把包放在安检机上面的盘里进行检查",旅客行包检完后应说:"谢谢合作。"

③旅客包内有贵重物品的,让其到隐秘处开包检查,或将其带到无人处开包检查。注意检查时要由旅客自行开包,遵循男旅客由男安检员检查,女旅客由女安检员检查的原则。

④无正当理由拒绝检查的,应立即进行阻拦,耐心做好解释工作,如旅客执意拒绝接受安检,应立即报告公安人员处理,注意要求旅客检包时态度要和蔼,语气要适度,不能过于强硬,避免激化矛盾。

(10)遇到不理解安检规定,辱骂或殴打安检员的,面对旅客辱骂,安检人员一定要忍耐,不要用过激的言语刺激旅客激化矛盾,可立即通知主管领导进行处理,必要时可以采取回避措施,换由其他安检员实施安检,并对旅客进行劝导。

如旅客已对安检人员进行殴打,当事人要采取必要的自我保护措施,但一定不要还手。其余在岗安检人员要立即将打人者进行控制,防止其进一步实施殴打行为,然后将其送至公安机关进行处理。监控室要将现场监控录像保留,做好证据留存工作,必要时请周围旅客作为人证,协助公安人员处理。

(11)其他可能对客运站安全造成威胁或者需要进行紧急处置的突发事件:

①由于人流过多,发生拥挤摔倒事件。根据客流情况适时开启两台安检机对旅客进行分流检查。如有旅客已经摔倒,引导人员立即将摔倒旅客和其他人员进行隔离,迅速扶起旅客,并大声向周围旅客呼喊告知现场情况,制止旅客继续拥挤避免造成更大的人身伤害,同时第一时间上报主管领导。如有旅客受伤,立即采取相应的急救措施,视情况拨打120急救电话,并派人至客运站路口接引急救车辆。

②安检处旅客之间由于拥挤、排队等问题发生争执,引导人员要及时进行劝解,避免事

态进一步扩大,尽量将矛盾进行化解,同时制止其他旅客围观、起哄等行为,防止造成不良影响。如旅客之间争吵激烈无法劝解或已发生打斗,工作人员要在确保自身安全的情况下,疏导旅客远离打斗区域,防止造成误伤等情况并立即通知公安人员进行处理。

③发现走失儿童,首先立即将其带至服务总台,如果能表述清楚家长的电话姓名等相关信息,则通过站内广播进行播报,并通报公安人员。如家长前来认领时,由公安人员负责对家长身份的真实性进行核实,确定能否将儿童领回。如儿童不能表述清楚家长相关信息,则将其送至公安机关处理。

④旅客通过安检时,携带行包被其他旅客误拿、丢失或者将行包遗忘在安检机处的。如行包被误拿或丢失的,旅客若是多人出行,则请其余人员在大厅出口或检票口负责查看是否被其他旅客拿走,同时报告公安人员与当事人一起查看监控录像,根据监控情况由公安人员进行处理。若旅客单人出行,则直接同公安人员一起查看监控录像,根据监控录像记录情况由公安人员进行处理。安检人员问清行包特点并重点留意,防止行包被带出客运站。

如旅客在经过安检时将行包遗忘在安检机处,安检人员应将行包送至服务总台,在两人以上在场的情况下对行包内物品进行登记并签字确认,同时利用广播播报失物招领信息,旅客领取时要认真进行核对,并对领取人身份信息进行登记,核实无误后将行包交付旅客。

⑤发现旅客晕倒,立即用隔离带将其进行隔离保护,疏导周边旅客不要围观,保证良好通风状态。同时立即报告主管领导并拨打120急救电话,并派人到路口去引导救护车,不要随意移动晕倒旅客,等待专业救护人员到来后进行处理。

⑥乘客携带藏刀、腰刀、靴刀等少数民族刀具的,以及少数民族人员应在民族自治区域内携带民族刀具的交由公安机关审查处理。

第三节 行包安全检查突发事件报告、调查、处理制度

突发事件是指突然发生,造成或者可能给旅客生命、公共财产造成严重危害或损失,需要采取应急处置措施予以应对的爆炸、恐怖袭击、火灾等事件。

按照事件危害程度、波及范围、影响力大小、人员及财产损失等情况,由高到低划分为特别重大(Ⅰ级)、重大(Ⅱ级)、较大(Ⅲ级)、一般(Ⅳ级)共四个级别,并依次采用红色、橙色、黄色、蓝色来加以表示

一、突发事件(以下简称事件)报告划分

1. 需要向行业主管部门上报的事件

(1)特别重大事件,是指造成30人以上死亡,或者100人以上重伤(包括急性工业中毒,下同),或者1亿元以上直接经济损失的事件;

(2)重大事件,是指造成10人以上30人以下死亡,或者50人以上100人以下重伤,或者5000万元以上1亿元以下直接经济损失的事件;

(3)较大事件,是指造成3人以上10人以下死亡,或者10人以上50人以下重伤,或者1000万元以上5000万元以下直接经济损失的事件;

(4)一般事件,是指造成3人以下死亡,或者10人以下重伤,或者1000万元以下直接经

济损失的事件。

本条第一款所称的"以上"包括本数,所称的"以下"不包括本数。

2. 不需要向行业主管部门上报的事件

企业发生不涉及达到法定上报等级的伤害事件、一般机械设备事件、一般火灾事件、一般恐怖袭击事件等。

二、突发事件报告程序

1. 需要向行业主管部门上报事件的报告程序

(1) 发生突发事件后,现场有关人员应当立即向本部门负责人或安全部门报告,迅速组织抢救遇险受伤人员,指导现场紧急救护,组织人员救险排险,采取措施制止事态蔓延扩大,认真保护事件现场,凡与事件有关的物体、痕迹、状态均不得破坏,为抢救受伤害者需要移动现场某些物体时,必须做好现场标志。

(2) 部门负责人或安全部门接到报告后应当立即向本单位负责人报告。

(3) 单位负责人接到报告后,立即启动突发事件应急救援预案,采取有效措施,组织抢救,防止事件扩大,减少人员伤亡和财产损失。

(4) 突发事件情况应于1小时内向行业主管部门及负有安全生产监督管理职责的有关部门报告。

(5) 事件报告应当及时、准确、完整,任何单位和个人对事件不得迟报、漏报、谎报或者瞒报。

2. 不需要向行业主管部门上报事件的报告程序

(1) 发生突发事件后,现场人员应当立即向本部门负责人或安全部门报告,迅速组织抢救遇险受伤人员,指导现场紧急救护,组织人员救险排险,采取措施制止事态蔓延扩大,认真保护事件现场,凡与事件有关的物体、痕迹、状态均不得破坏,为抢救受伤害者需要移动现场某些物体时,必须做好现场标志。

(2) 部门负责人或安全部门接到报告后应当立即向本单位负责人报告。

(3) 单位负责人接到报告后,应立即启动突发事件应急救援预案,采取有效措施,组织抢救,防止事件扩大和财产损失。

(4) 事件发生后,立即组成事件调查组,对事件进行调查、分析与处理。

(5) 每季度将所发生的突发事件和处理情况报行业主管部门备案。

3. 事件发生后的现场保护

事件发生后,单位人员应当妥善保护事件现场以及相关证据,任何个人不得破坏事件现场、毁灭相关证据。

因抢救人员、防止事件扩大以及疏通交通等原因,需要移动事件现场物件的,应当做出标志,绘制现场简图并做出书面记录,妥善保存现场重要痕迹、物证。

三、报告突发事件应当包括下列内容

(1) 突发事件发生单位概况;

(2) 突发事件发生的时间、地点以及现场情况;

(3)突发事件的简要经过；

(4)突发事件已经造成或者可能造成的伤亡人数(包括下落不明的人数)和初步估计的直接经济损失；

(5)已经采取的措施；

(6)其他应当报告的情况。

四、突发事件调查

1. 突发事件调查分类

(1)重大事件、较大事件、一般事件分别由省级人民政府、设区的市级人民政府、县级人民政府负责调查。

(2)未造成人员伤亡的一般事件,由本单位安委会组成事件调查组负责事件调查。

2. 事件调查组履行下列职责

(1)查明事件发生的经过、原因、人员伤亡情况及直接经济损失；

(2)认定事件性质和事件责任；

(3)提出对事件责任者的处理意见；

(4)总结事件教训,提出防范和整改措施；

(5)提交事件调查报告。

3. 事件调查报告应当包括下列内容

(1)事件发生单位概况；

(2)事件发生经过和事件救援情况；

(3)事件造成人员伤亡和直接经济损失；

(4)事件发生的原因和事件性质；

(5)事件责任认定以及对事件责任者的处理建议；

(6)事件防范和整改措施。

4. 事件调查报告应附证据材料并有调查组成员签名

事件调查报告应当附具有关证据材料,事件调查组成员应当在事件调查报告上签名。

5. 事件调查报告应说明的主要内容

调查组经过充分的调查取证,查明事件发生的原因、过程和人员伤亡、经济损失情况,确定事故性质和责任,提出事故处理意见和防范措施建议,写出事故调查报告。

6. 事故档案

事故档案由安全管理部门统一保管,包括事故现场检查纪律、旁证材料、影像资料、调查材料、会议记录、登记表及事故报告书等。

7. 安全管理部门是事故主管单位

安全管理部门负责各类事故的统计,并主管、协调、监督各类事故的调查和处理工作,确保该制度的有效执行。

五、突发事件调查取证

1. 事件现场处理

为保证事件调查、取证客观公正地进行,在事件发生后,对事件现场要进行保护。事件现场的处理至少应当做到：

(1) 事件发生后,应救护受伤害者,采取措施制止事件蔓延扩大。

(2) 认真保护事件现场,凡与事件有关的物体、痕迹、状态,不得破坏。

(3) 为抢救受伤害者需要移动现场某些物体时,必须做好现场标志。

(4) 保护事件现场区域,不要破坏现场,除非还有危险存在;准备必需的草图梗概和图片;仔细记录或进行拍照、录像并保持记录的准确性。

2. 事件有关物证的收集

通常收集的物证应包括：

(1) 现场物证。破损部件、碎片、残留物、致害物位置等。

(2) 在现场搜集到的所有物件均应贴上标签,注明地点、时间、管理者。

(3) 所有物件应保持原样,不准冲洗擦拭。

(4) 对健康有危害的物品,应采取不损坏原始证据的安全防护措施。

3. 人证材料收集记录

当事件发生后,应尽快寻找证人,搜集证据,同时要与在事件发生之前曾在现场的人员,以及那些在事件发生之后立即赶到事件现场的人员进行交谈。要保证每一次交谈记录的准确性。

有目击者和当班人员时,应采用谈话的方式,不应采用审问方式。同时,必须寻找见证人,他们可提供与事件调查有关的各方面的信息,包括事件现场状态、周围环境情况及人为因素。

4. 现场摄影及事件现场图绘制

1) 事件现场摄影、拍照

(1) 显示事件现场和受害者原始存息地的所有照片。

(2) 可能被清除或被践踏的痕迹：如地面和建筑物的伤痕,火灾爆炸引起的伤害等要及时拍照。

(3) 事件发生现场全貌。

(4) 利用摄影或录像,以提供比较完善的信息内容。

2) 绘制事件现场图

(1) 确定事件发生地点坐标、伤亡人员的位置;

(2) 确定涉及事件的设备各构件散落的位置并做出标记,测定各构件在该地区的位置;

(3) 查看、测出和分析事件发生时留在地面上的痕迹;

(4) 必要时,绘制现场剖面图。绘制图的形式,可以是事件现场示意图、流程图、受害者位置图等。

六、突发事件处理

(1) 重大事件、较大事件、一般事件分别由省级人民政府、设区的市级人民政府、县级人民政府批复。企业应当按照负责事件调查的人民政府的批复,对本单位负有事件责任的人员进行处理。负有事件责任的人员涉嫌犯罪的,依法追究刑事责任。

(2) 企业事件调查组应根据相关证据、资料,分析事件的直接、间接原因,对负有事件责任的人员进行处理。同时应当认真吸取事件教训,落实防范和整改措施,防止事件再次发生。防范和整改措施的落实情况应当接受工会和职工的监督。

附录一　汽车客运站行包安全检查事故案例

案例一：夫妻泄愤酿惨剧

2007年10月2日17h15min左右,重庆冠忠公司万盛分公司旗下一辆大客车在开往重庆主城区途中,行驶至綦万高速公路綦江境内三角段时,客车前排突发大火。事故发生时,包括驾驶员在内车上共有38人,除11人逃生外,另27人全部遇难。

经过调查得知,该客车驾驶员陈某所驾驶的车辆突然起火,猛烈燃烧,火源起于驾驶员座后一排。该排乘客是冠忠公司万盛分公司原业务副经理肖永华、张晓亚夫妇。肖永华因发生家庭纠纷于2007年9月20日被公司停职检查,由于对公司处分不满,对社会进行报复,两人提了几个大包上车,未经车站安全检查,途中点燃两个大包,造成该起事故发生(见附图1-1)。此次事故,客运站没有履行旅客行包安全检查义务是该起事故发生的一个重要原因。

附图1-1　着火的重庆冠忠公司客车

案例二：违规装载危险化学品酿事故

2011年7月22日3h43min,山东威海交运集团客运二分公司驾驶员邹某驾驶车牌号为鲁K08596号大型卧铺客车行驶至京珠高速公路河南省信阳市境内938km115m处时,突然发生爆炸,客车继续前行145m处与道路中央隔离护栏碰撞后停车,造成车内41人死亡、6人受伤,客车严重烧毁,直接经济损失2342.06万元,见附图1-2。

事故原因,鲁K08596号大型卧铺客车在行驶过程中违规运输15箱共300kg危险化学品偶氮二异庚腈堆放在客车行李舱后部,偶氮二异庚腈在运输途中挤压、摩擦及受发动机放热等综合因素作用下受热分解并发生爆炸。

山东威海交运集团客运二分公司没有履行安全检查职责,违规运输危险化学品,在此次事故中有不可推卸的责任。

附图 1-2　爆炸燃烧后的卧铺客车

案例三：人为纵火酿惨剧

2013年6月7日傍晚18h20min许，陈水总因自感生活不如意，悲观厌世，而泄愤纵火，携带汽油上了福建省厦门市湖里区金山街道一辆车号为闽 D - Y7396 的快速公交车，并点燃汽油。快速公交车在行驶过程中突然起火。18h45min，大火被扑灭（见附图1-3）。截至8日凌晨1h12min，大火已造成47人死亡、34人受伤。陈水总也在此事件中死亡。乘客携带违禁品上车是这起事故的主要原因。

附图 1-3　燃烧后的快速公交车

案例四：乘客携带汽油引发惨剧

2009年6月5日上午8h30min，成都北三环川陕立交桥下，成都9路（车牌号为川A49567）公交车突然冒烟并在几分钟内燃烧至烧毁，该公交车为封闭式空调车，起火后车门没有被打开，造成27人遇难，72人受伤的惨剧。事故调查组通过对事故现场及车辆的多次反复勘验，检出车厢内残留物中有汽油成分，其他大部分均为聚乙烯、聚氯乙烯和聚丙烯等材料。证明有人携带易燃物品上车是该起事故的主要原因，见附图1-4。

附图1-4　燃烧中的公交车

案例五：危险品车与客车相撞酿惨剧

2012年8月25日16h55min，内蒙古自治区呼和浩特市呼运(集团)有限责任公司的蒙AK1475卧铺大客车在安塞服务区匝道口附近与兖州矿业陕西榆林能化有限公司的豫HD6962号重型半挂载货车(装载35.22t甲醇)相撞，大客车右侧纵梁撞击罐体后部卸料管，造成卸料管竖向球阀外壳破碎，导致大量甲醇泄漏。碰撞也造成卧铺大客车电器线路绝缘破损发生短路，产生的火花使甲醇蒸气和空气形成的爆炸性混合气体发生爆燃起火，大火迅速引燃重型半挂载货车后部和卧铺大客车(见附图1-5)，并沿甲醇泄漏方向蔓延至附近高速公路路面和涵洞。事故共造成大客车内36人死亡、3人受伤，大客车报废，重型半挂载货车、高速公路路面和涵洞受损，直接经济损失3160.6万元。

附图1-5　燃烧后的大客车和重型半挂甲醇运输车

附录二 行包安全检查常用语英汉对照

一、危险词汇

放射性物品　Radioactive　article
毒害品　Poisonous article
恐怖活动　Terrorism
危险物品　Dangerous article
手枪　Pistol
柴油　Diesel
汽油　Gas gasolene（美）Petrol（英）
鞭炮　Fireworks
酒精　Alcohol
雷管　detonator

二、寒暄和介绍

1. 有什么需要帮助的吗？
Can I help you ?
2. 没别的事了,谢谢合作。
Nothing more. Thank you for your cooperation.
3. 稍等一下。
Just a moment,please.

三、安检岗位英语

1. 您好,请接收安全检查。
Please receive security check.
2. 请大家不要拥挤,按秩序进场。
Please don't press about and enter in order.
3. 对不起,那台机器有故障,请从这边走。
Excuse me,that machine doesn't work,this way please.
4. 请您排好队,自觉接受安检。
Please keep in order and receive security check in turn.
5. 请不要把违禁物品带进场内。
Please don't take prohibited items into the stadium.
6. 请自觉配合安检人员工作,谢谢。

Please cooperate with the security checkers, Thanks.

7. 请一个一个通过安全门。

Please pass though the detector one by one.

8. 您好,请把包放放在传送带上。

Hello, Please put your baggage on the belt.

9. 请您张开双臂,两脚分开。

Please stand with your arms and feet out.

10. 请转身。

Please turn around.

11. 我们得暂时扣留这些物品。

We have to detain these articles for the time being.

12. 请您带好随身物品。

Please take your valuables.

四、紧急情况用语

1. 请不要慌张。

Please clamdown.

2. 请按秩序走,不要拥挤。

Please keep order, don't becrowd.

3. 不要担心,救助人员马上到。

Don't worry, first aid is coming.

4. 请趴下。

Please drop down.

5. 请跟我走。

Please follow me.

五、应用问答

1. What's these curity for?

为何要安检?

2. The security checkis carried out for the passenger's own safty. Its for prevention of terrorisom.

安检是为了乘客自己的安全。防止恐怖事件发生。